Birgitta Lagerström
Karl Wernhart

Vollkornkost

Otto Maier Verlag Ravensburg

Deutsche Erstausgabe
Die schwedische Originalausgabe
erschien unter dem Titel
»Fullkornkost med grönsaker« bei
ICA bokförlag, Västerås
(ISBN 91-534-0585-4)

Übersetzer: Dr. Günter Bergfeld
Fotografien: Studio
Svante Sjöstedt AB
Gesamtherstellung: Appl,
Wemding
Printed in Germany

88 87 86 85 5 4 3 2

ISBN 3-473-43173-7

Inhalt

Dieses Buch widmen wir Ilse Clausnitzer, MA, unserer Freundin und Lehrerin auf dem Gebiet der Makrobiotik, die mit ihrem Tod 1975 eine große Lücke hinterlassen hat.
Wir möchten auch Annelies Schöneck, die uns eine große Inspirationsquelle war, dafür danken, daß sie ihre Kenntnisse und Erfahrungen – insbesondere auf den Gebieten der Milchsäuregärung und des Brotbackens – an uns weitergab.

Birgitta Lagerström
Karl Wernhart

Einleitung

Mit diesem Buch wollen wir eine einfache, vegetarische und ausgewogene Kost auf makrobiotischer Grundlage lehren, d. h. das Ausnutzen der Eiweißquellen und des Mineralreichtums im Pflanzenreich, mit dem ganzen Getreidekorn als Grundpfeiler der Ernährung. Makrobiotische Ernährung gibt Gesundheit und Lebenskraft und wirkt der Entstehung von Krankheiten entgegen. Gesundheit bedeutet aber nicht nur das Fehlen von Schmerzen und Krankheiten, sie ist ein Leben in Harmonie mit der Umwelt und sich selbst.
Die drei Grundpfeiler der Makrobiotik sind

- ☐ ausgewogene Nahrung
- ☐ regelmäßige Bewegung
- ☐ positives Denken.

Ausgewogene Nahrung

Sich biologisch richtig zu ernähren, bedeutet, entsprechend den Jahreszeiten zu essen. Als Grundlage haben wir Getreide und Bohnen mit Beigabe von Gemüse und Früchten je nach der Jahreszeit und am besten von solchen, die in unserer Umgebung oder auf dem gleichen Breitengrad gewachsen sind. Aber was nützt es, wenn man die beste Nahrung der Welt hat, wenn sie nicht richtig gekaut wird. Kauen Sie jeden Bissen mindestens 30mal, und wenn Sie krank sind, 50- bis 100mal. Die Natur richtet sich nicht nach dem Gaumen und unseren Stimmungen, sondern nach den bestehenden Naturgesetzen. Handeln wir gegen sie, schaden wir uns selbst.

Regelmäßige Bewegung

Nutzen Sie wenigstens drei von den 336 halben Stunden der Woche für Bewegung in der frischen Luft, wie z.B. Waldlauf. Damit wird das Blutcholesterin niedrig gehalten, da die Wirkung 48 Stunden anhält. Auch ein schneller Spaziergang, Schwimmen, Radfahren oder Tanzen sind Bewegung. Kondition ist die Summe der Fähigkeiten säuretransportierender Organe. Bewegungsmangel trägt zum Kalkverlust im Skelett bei und beeinflußt die Psyche negativ; in den USA wird Jogging von Psychiatern verordnet. Regelmäßige Bewegung

- ☐ beugt Streß vor und bewirkt, daß wir uns besser fühlen
- ☐ stärkt das Herz
- ☐ stärkt die Widerstandskraft gegen Infektionen dadurch, daß die Schleimhäute gereinigt werden, die den Nährboden für Bakterien bilden
- ☐ wirkt Adernverkalkung entgegen und verringert das Blutfett
- ☐ kann mithelfen, psychische Anforderungen besser zu bewältigen.

Durch kräftige Bewegung (Yang) kann der Kälte und dem Yinüberschuß in der Nahrung entgegengewirkt und beides ausgeglichen werden. Über Yin und Yang siehe S. 13.

Positives Denken

Es hilft nichts, wenn man richtig ißt, gleichzeitig aber »falsch« denkt. Das psychische Gleichgewicht beruht vor allem auf einer positiven Lebenseinstellung. Gedanken sind Kräfte, die ebenso aufbauen wie unterdrücken können. Es ist deshalb wichtig, daß wir nicht mit negativen Gedanken und Gefühlen herumlaufen, sondern versuchen, positiv und konstruktiv zu denken. Entspannung oder irgendeine Form von Meditation kann eine gute Hilfe zu innerer Sammlung und Selbstfindung sein. Durch Vereinigung von Entspannung mit positiven Gedanken kann die innere Kraft auf das gelenkt werden, was man erreichen will. Auch hier ist das regelmäßige Training notwendig und verhilft uns dazu, die Ganzheit in unserem Leben wiederherzustellen.

Ernährungslehre

Die Proteinproduktion der Haustiere

Haustiere verbrauchen große Mengen an Protein – ein Schwein z. B. 8,3 kg –, um 1 kg Protein für den menschlichen Verbrauch zu produzieren.

Verglichen mit der vegetarischen Kost, erfordert animalische Nahrung enorme Ressourcen. Um die Verschwendung von Protein zu vermeiden, sollten wir die Nahrung der Tiere, Vollkorngetreide usw., essen anstatt ihr Fleisch (s. auch S. 15).

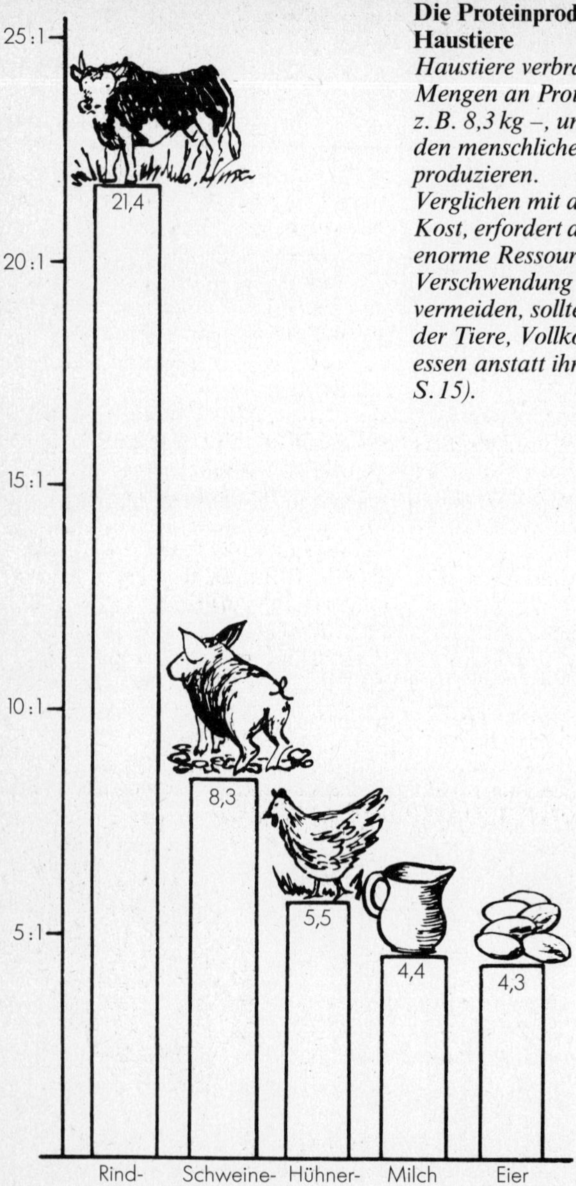

Makrobiotik – was ist das?

Motto:
Non credo – glaube nicht!
Versuche! Probiere aus! Sonst wirst Du ein Sklave unter anderen.

Makrobiotik kann am ehesten mit »biologischer Ganzheit« übersetzt werden. Das Wort stammt aus dem Griechischen, makros bedeutet groß und bios bedeutet Leben, d. h. die Kunst, das Leben lang oder groß zu machen, beides im Hinblick auf Alter und Inhalt. Es dreht sich ja nicht nur darum, *Jahre* zum Leben zu fügen, sondern auch *Leben* zu den Jahren – dem Leben Inhalt und Sinn zu geben.

Die Makrobiotik ist eine Ganzheitslehre, eine Lebensphilosophie, die auch die Nahrungsphysiologie umfaßt. Sie gründet sich auf die 5000 Jahre alte Lehre der Chinesen von den zwei entgegengesetzten Kräften *Yin* und *Yang* – den beiden Händen der Schöpfung. Yin und Yang sind Bezeichnungen, die ebensogut Ausdehnung und Zusammenziehung, positiv und negativ, oder, um in der Sprache des Computerzeitalters zu sprechen, input und output o. ä. heißen könnten.

Die Makrobiotik hat den gleichen Ursprung wie Akupunktur, Shiatsumassage, Zen-Meditation und die verschiedenen Budosportarten (Aikido u. a.). Aber die Makrobiotik ist nicht nur eine chinesische Philosophie, sie hat auch enge Verbindungen mit der griechischen und altägyptischen Philosophie. Das Wort Makrobiotik benutzten die alten Griechen vor rund 2500 Jahren. Der Begriff wurde von Ch. H. Hufeland (dem Arzt Goethes) in den 1790er Jahren übernommen und in dem Buch »Makrobiotik oder Die Kunst, sein Leben zu verlängern« erörtert.

Georges Ohsawa (1893–1966), Philosoph, Nahrungsphysiologe, Arzt, Dichter und Pazifist, ist in der ganzen Welt durch seine Schriften und Vorträge bekannt. Er war derjenige, der die Makrobiotik »wiederent-

Das Symbol für Yin – Yang, ein Zeichen für Ausgewogenheit und Harmonie.

deckte« und zu Beginn des 20. Jahrhunderts entwickelte, ausgehend von der alten chinesischen Philosophie, die später von den Japanern übernommen wurde.

Der Grund für Ohsawas Eindringen in diese uralten Weisheiten war, daß er an einer schweren Krankheit litt, für die er kein Mittel in der abendländischen Medizin finden konnte. Deshalb begann er, die viele tausend Jahre alten Kenntnisse der Vorväter anzuwenden, und heilte sich selbst. Er studierte die Grundideen und Anwendungen sowohl der abendländischen wie auch der morgenländischen Medizin und gelangte zu dem Schluß, daß die Lehre von Yin und Yang, den im Leben sich immer ausgleichenden und zusammenwirkenden Kräften, die Erklärung für alles im Leben gibt, auch wenn es sich um Ernährungs- und Gesundheitsfragen handelt.

Ohsawa war von der Weisheit und Lebenskunst dieser Schriften so fasziniert, daß er beschloß, diese Ideen in das Abendland zu übertragen, zumal er sah, daß sie im Osten verlorenzugehen drohten. Nachdem er Hufelands Buch gelesen hatte, fand er, daß der Inhalt mit den Grundlagen der alten Zen-Tradition übereinstimmte, und er nannte seine Lehre »Makrobiotik«. Das Wort »Zen« ist japanischen Ursprungs und bedeutet »der Weg zur Wahrheit durch Meditation in der Stille«. Er erläutert in seinem Buch »Der Weg zu Gesundheit und Glück durch Zen-Makrobiotik«, daß das Yin-Yang-Prinzip (oder Prinzip der Bipolarität) die Lebensordnung im ganzen Universum ausmache. Es kann auf jedem Gebiet des täglichen Lebens angewendet werden. Jedes Lebensphänomen hat zwei Pole, die einander entgegengesetzt sind, die sich aber gleichzeitig ergänzen, wie z. B. Nacht – Tag, Winter – Sommer, Mann – Frau usw. Schon im kleinsten Atom haben wir den Ausgleich zwischen Yin- und Yangkräften. Die Elektronen, die durch die Zentrifugalkräfte auseinanderstreben, werden durch die gegen das Zentrum wirkenden (zentripetalen) Kräfte in ihren Umlaufbahnen um den Kern gehalten.

Die Makrobiotik und ihre Anwendung ist natürlich kein Wundermittel oder »System«, das für alle auf genau die gleiche Art anwendbar ist. Dagegen bietet sie eine wertvolle Ergänzung für diejenigen, die eine zufriedenstellende Gesundheit gesucht, aber nicht gefunden haben. Es gehört zur Makrobiotik, daß jeder den Weg zu Gesundheit und seelischer Ausgeglichenheit findet, der ihm am besten liegt.

Yin und Yang, die ausdehnenden und zusammenziehenden Kräfte, sollen in unserer Ernährung ausgewogen sein. Dann wird automatisch auch die Gesundheit wiederhergestellt, so daß man Kräfte für seine Persönlichkeitsentwicklung freisetzen kann. Einen perfekten Ausgleich, d. h. eine stabile Gesundheit mit starker Widerstandskraft gegenüber den Belastungen des Lebens erreicht man, wenn man gelernt hat, die ausdehnenden und zusammenziehenden Kräfte der Lebensmittel einander anzupassen. Es geht nicht darum, dem Körper zuwenig, aber auch nicht darum, etwas im Überfluß zuzuführen, das belastet.

Wenn die Nahrung nichts enthält, was faulen oder gären kann, kann der Körper sich leichter von innen her reinhalten und muß nicht mit großen Flüssigkeitsmengen reingespült werden. Herz und Nieren werden entlastet, weder Fettleibigkeit noch Magenbeschwerden oder Kopfschmerzen kommen vor – nicht zu reden von den vielen schweren Zivilisationskrankheiten, von denen die meisten durch ein Übergewicht an Yin verursacht werden. Ein solches Yin-Übergewicht wird mit Hilfe ausgeglichener Nahrung langsam und zielbewußt reduziert, nicht durch gewaltsame Eingriffe oder Behandlung mit Medikamenten, die das Gleichgewicht in die andere Richtung hinüber pendeln lassen.
Um die Makrobiotik anwenden zu können, muß man wissen, was Yin und was Yang ist. Der Körper ist, wie alles, was existiert, eine Mischung von Yin und Yang. Es gibt nichts, was *ausschließlich* Yin oder Yang ist, wichtig ist vielmehr, was überwiegt. Es ist eine häufige falsche Auffassung, daß alles, was Yang, gut und alles, was Yin, schlecht ist und vermieden werden sollte. Das Wichtigste ist vielmehr der *Ausgleich*. Wir können nicht nur auf einem Bein stehen, wir benötigen beide, um fest zu stehen und das Gleichgewicht zu halten. Und wir benötigen beides, das Ausdehnende und das Zusammenziehende – Yin und Yang (siehe die Illustration auf der nächsten Seite).

Yin und Yang sind die ausdehnenden und zusammenziehenden Kräfte des Universums

Yang ist die zusammenziehende Kraft – Yin ist die ausdehnende Kraft. Was zusammengezogen ist (Yang), ist hart, was hart ist, das ist auch schwer, was schwer ist, ist schnell (fällt schneller), und was sich schnell bewegt, wird warm. Was warm ist, wird ausgedehnt (Yin). Was ausgedehnt ist, wird weicher, leichter und langsamer. Was langsam ist, wird kalt, und das Kalte wird zusammengezogen (Yang) usw. Auf diese Weise geht in einem ewigen Wechselspiel Yang in Yin über und Yin in Yang.

Yin und Yang – zwei Aspekte der Unendlichkeit.

Welche Nahrungsmittel sind Yang oder Yin?

Allgemein kann man sagen, daß Früchte, Kartoffeln, Zucker, Flüssigkeiten usw. *Yin* sind und Salz, Fleisch und die meisten animalischen Produkte *Yang* (siehe Tabelle auf S. 180). Zucker und Fleisch sind zwei extreme Pole. Es wird für den Körper belastend, ständig zwischen beiden zu pendeln. Die am besten ausgewogene Kost ist Getreide mit einem Zusatz von Gemüse, oder, mit anderen Worten, wenn man von der Mitte der Skala (siehe unten) aus ißt, kann man das gesundheitliche Gleichgewicht am besten aufrechterhalten.
Da wir Menschen ein Teil des Tierreiches sind, sollten wir unsere Nahrung in erster Linie im Pflanzenreich suchen, unserem eigenen Gegensatz. Getreide, Bohnen und Gemüse haben eine so gut ausgewogene Yin-Yang-Balance, daß sie in allen Lagen unsere tägliche Grundnahrung bilden können. Um zu verstehen, wie das Verhältnis zwischen Getreide und ergänzender Nahrung sein sollte, brauchen wir nur zu studieren, wie unsere Zähne zusammengestellt sind. Von der Natur sind wir mit 20 Backenzähnen, 8 Schneidezähnen und 4 Eckzähnen ausgerüstet worden; den Backenzähnen, um Getreide und Keime zu mahlen, den Schneidezähnen, um Gemüse zu schneiden und zu hacken, und die Eckzähne gleichen den Zähnen der fleischfressenden Raubtiere. Das entsprechende Verhältnis zwischen Getreide, Gemüse und animalischer Nahrung wäre also 5:2:1 (siehe auch S. 19).
Makrobiotiker sind nicht immer reine Vegetarier (auch wenn es die meisten sind). Aber die animalische Nahrung, die Nichtvegetariern bis höchstens 10% empfohlen wird, stammt von solchen Organismen, die in der Entwicklungskette am weitesten vom Menschen entfernt stehen, z. B. Fisch, Schalentiere, Eier (befruchtet), evtl. Geflügel. Ersetzen Sie das »rote« Fleisch durch diese Produkte, und verringern Sie es nach und nach, wenn es zu schwer ist, den Schritt zu einer vegetarischen Lebensweise auf einmal zu machen.
Die Makrobiotik verurteilt also niemanden, der Bedarf nach animalischer Nahrung hat, sondern will die Ausbeutung des Tierreichs auf biologisch vertretbare Grenzen reduzieren.

Warum wird eine vegetarische Lebensführung empfohlen?

Verglichen mit vegetarischer Kost, erfordert animalische Nahrung enorme Ressourcen. Um 1 kg Fleisch zu produzieren, benötigt man zehnmal mehr Land als für die Produktion von 1 kg Getreide (Brot). Es wäre also weitaus ökonomischer, z. B. das Futter des Hähnchens zu essen anstelle des Hähnchenfleisches. Was ist nun das Futter des Hähnchens? Das ganze vollwertige Getreide mit all seinen Bestandteilen. Für jedes Kilogramm Getreide, welches das Hähnchen frißt, erhalten wir nur ca. 80 g hochwertige, proteinreiche Nahrung von dem Hähnchen. Dadurch, daß wir das Hähnchen essen und nicht das Futter des Hähnchens, werden also 92% der Nahrung vergeudet (siehe Schaubild S. 10).

Sich von Geflügel und Schweinen zu ernähren, bedeutet ein schlechtes Haushalten mit menschlicher Nahrung, besonders im Hinblick auf den Hunger in der Welt. Es wäre nicht möglich, die Bevölkerung der Erde mit einer Fleischkost entsprechend unserem abendländischen Standard zu ernähren. Die Gebiete der Erde würden ganz einfach dazu nicht ausreichen. Wir sollten auch nicht die unwürdige Art unterstützen, mit der heutzutage die Schlachttiere gemästet werden. In den modernen Tierfabriken mit einer unerhörten Tierquälerei können sie oft nur mit knapper Not noch bis zum Schlachten am Leben erhalten werden.

Unabhängig davon, welche Motive man für eine vegetarische Lebensführung haben kann – ethische, moralische, ökologische oder einfach gesundheitliche –, die meisten Menschen würden sich durch ein Reduzieren ihres Fleischkonsums um wenigstens die Hälfte viel wohler fühlen.

Denken Sie daran, daß vegetarische Kost

- ☐ mehr Fasern und eine verbesserte Darmflora ergibt (Milchsäurebakterien statt Fäulnisbakterien)
- ☐ Verstopfung entgegenwirkt
- ☐ einen besseren Mineralausgleich bewirkt, besonders zwischen Kalk und Phosphor (animalische Kost ist phosphorreicher = säurebildend, die vegetarische Kost ist kalkhaltiger = basenbildend)
- ☐ weniger gesättigte Fettsäuren und Cholesterin bietet
- ☐ bedeutet, sich von der unteren Stufe der Nahrungskette zu ernähren und somit das Risiko angereicherter Giftreste zu verringern
- ☐ eine ressourcenfreundliche Lebensführung ist.

Getreide, unsere Grundlage

Getreide war in früheren Zeiten das eigentliche Urbild menschlicher Nahrung, nicht nur in Form des täglichen Brotes, sondern auch als Grundlage der Hauptmahlzeit wie aller übrigen Mahlzeiten des Tages. Heute ist das Bild ganz anders. Die Einführung der Kartoffel sowie das Raffinieren des Getreides, das es vom Ernährungsstandpunkt aus entwertet, beraubte das vollwertige Getreide seiner rechtmäßigen Stellung in unserer Nahrung.

Vollwertkost ist eine Nahrung, die ihren vollen Wert von der Natur hat. Sie soll von der Industrie sowenig wie möglich behandelt sein – am besten überhaupt nicht. Der Mensch ist das einzige Wesen, das seine Nahrung verändert und verdirbt, und man kann heute fragen, ob die sogenannten Lebensmittel in den Regalen der Supermärkte ihren Namen verdienen. Sie sollten vielleicht eher »Krankheitsmittel« oder jedenfalls »Fabriknahrungsmittel« genannt werden.

Professor Werner Kollath hat ein ganzes Leben darauf verwendet, über den Zusammenhang zwischen Getreide und Mensch zu arbeiten und zu schreiben. Er hat ausgeführt, wir sollten zur Aufrechterhaltung einer guten Gesundheit die Nahrung so natürlich wie möglich belassen. Gesundheit ist nichts, was man in der Apotheke kaufen kann, wie viele zu glauben scheinen – so einfach ist es nicht.

Was benötigt eigentlich unser Körper? Das ist eine grundlegende Frage. Betrachten wir die eigentlichen Aufgaben der Nahrungsmittel, dann sollen sie uns nicht nur satt machen, wenn wir hungrig sind, sondern auch folgendes gewährleisten:

Aufbau, Zuwachs, Ersatz verbrauchter Stoffe. Die jung sind, sollen wachsen, die Erwachsenen ihren Körper erneuern. Alle sieben Jahre werden die Zellen im Körper erneuert.

Energieversorgung, Wärme, Kraft. Der Körper hat eine bestimmte Temperatur (36,8°), die gehalten werden muß, und wir brauchen Kraft und Energie für unsere Arbeit.

Steuerung der Lebensprozesse und Schutz vor Krankheiten. Alle unsere inneren Lebensprozesse müssen so reguliert werden, daß der Körper frisch und gesund bleibt. All dem muß unsere Nahrung genügen.

Die Nährstoffe können in drei entsprechende Gruppen eingeteilt werden:

Eiweißstoffe (Protein) als Baumaterial,

Fett und Kohlehydrate zur Energieversorgung, also der Brennstoff des Körpers,

Schutz- und Regulierungsstoffe, d.h. Minerale und Spurenelemente sowie Vitalstoffe. Vitalstoffe werden alle organischen Stoffe genannt, die

die Lebensfunktion fördern, z.B. Vitamine und Enzyme.

Keiner dieser Stoffe darf fehlen, sonst entstehen Mangelkrankheiten. Denken Sie nur an die ersten, langen Weltumseglungen, bei denen wegen Vitamin-C-Mangels der Skorbut wütete. Oder nehmen Sie die Mangelkrankheit Beriberi, die in Asien auf Grund von Vitamin-B-Mangel Hunderttausende von Menschenleben kostete, nachdem man begonnen hatte, den Reis zu schälen und zu polieren. (Vitamin B_1 wird Antiberiberistoff genannt, der auch bei Herz- und Gefäßkrankheiten große Bedeutung hat.) Auf Grund des Kontaktes mit der europäischen Zivilisation war es plötzlich vornehm geworden, weißen, polierten Reis zu essen anstelle von natürlichem, ungeschältem Reis. Da sich die Asiaten vorwiegend von Reis ernährten, hatte dies katastrophale Folgen für sie. Zu jener Zeit waren die Substanzen, auf denen dies beruhte, noch nicht erforscht, man wußte nur, daß es zu Krankheiten kam, wenn sie fehlten. Man nannte diese Stoffe einfach Vitamine, da man erkannte, daß sie

für das Leben notwendig sind (vita = Leben).
Heute weiß man, daß im Reiskorn und in den anderen Getreidearten nicht nur Vitamin B enthalten ist. Jedes einzelne keimfähige (= lebende) Getreidekorn enthält alles, was wir als Schutz- und Grundnahrung brauchen. Getreide enthält in seiner unzerstörten Form Kohlehydrate, hochwertige, leicht verdauliche Fettstoffe sowie Eiweißstoffe in der vollkommensten Form, die man sich denken kann. Es befinden sich darin fast der gesamte Vitamin-B-Komplex, Mineralstoffe und Spurenelemente, auch Kalk wie in der Milch, aber auch Silizium und Magnesium. Letzteres wird benötigt, damit der Körper den Kalk aufnehmen kann. Die Mineralsalze werden bei der Essensbereitung nicht zerstört.
Vegetarische Kost wird ohne Getreideprodukte arm und mangelhaft. Aber es ist wichtig, daß man *alle* Teile des Getreidekorns ausnutzt und nicht Keim und Kleie aussiebt, wie man es mit dem Weizenmehl gemacht hat. Getreide ohne Keim und Kleie ist nur halbe Nahrung. Eine Gehaltlosigkeit, die wir dann mit allen möglichen sogenannten Nahrungszusätzen in Form von Vitamin- und Mineralpräparaten auszugleichen suchen. Lebende Ganzheiten können nicht auseinandergerissen und zusammengesetzt werden, wie man will. Die *Ganzheit* ist immer mehr als die Summe aller Teile, sagt ein chinesisches Sprichwort. Im Getreide ist der Funke des Lebens.
Seit undenklichen Zeiten ist das gesamte Getreide die menschliche Hauptnahrung gewesen. Jedes Volk hat, je nach seinen Anbaubedingungen, bestimmte Getreidearten als seine Hauptnahrung gehabt. Wenn wir eine unzerstörte, physiologisch ausgewogene Darmflora hätten, könnten wir uns ausschließlich von Getreide ernähren. Unsere Vorväter konnten von so einer einfachen Kost leben, wie von Gerstengrütze und Brot aus dem Getreide, das sie selbst anbauten. Wurde das Getreide auf fruchtbaren Böden angebaut, erhielten sie durch diese einfache Kost alles, was sie brauchten.
Unter dem Gesichtspunkt der Polarität (Yin-Yang) bietet das unraffinierte Getreide eine ideale Nahrung, die zusammen mit Gemüse eine viel bessere Ausgewogenheit ergibt als z. B. Fleisch und Kartoffeln. Natürlich kann man ab und an zur Abwechslung Kartoffeln verwenden, aber man sollte immer zum Getreide als dem Grundstock in der vegetarischen Kost zurückkehren.
Das Verhältnis zwischen Natrium (Yang) und Kalium (Yin) im Getreide liegt ungefähr bei 1:5, genau wie in unseren Zellen, wenn sie gesund sind. Siebt man aber immerzu Keime und Kleie aus, verliert man die Ganzheit, es kommt zu einem Überschuß an Yin-Kräften. Es entsteht dann ein Ungleichgewicht, und es kommt zu Störungen, schlechter Ausdauer, und schließlich kann man ernsthaft krank werden.

Makrobiotischer Nahrungskreis

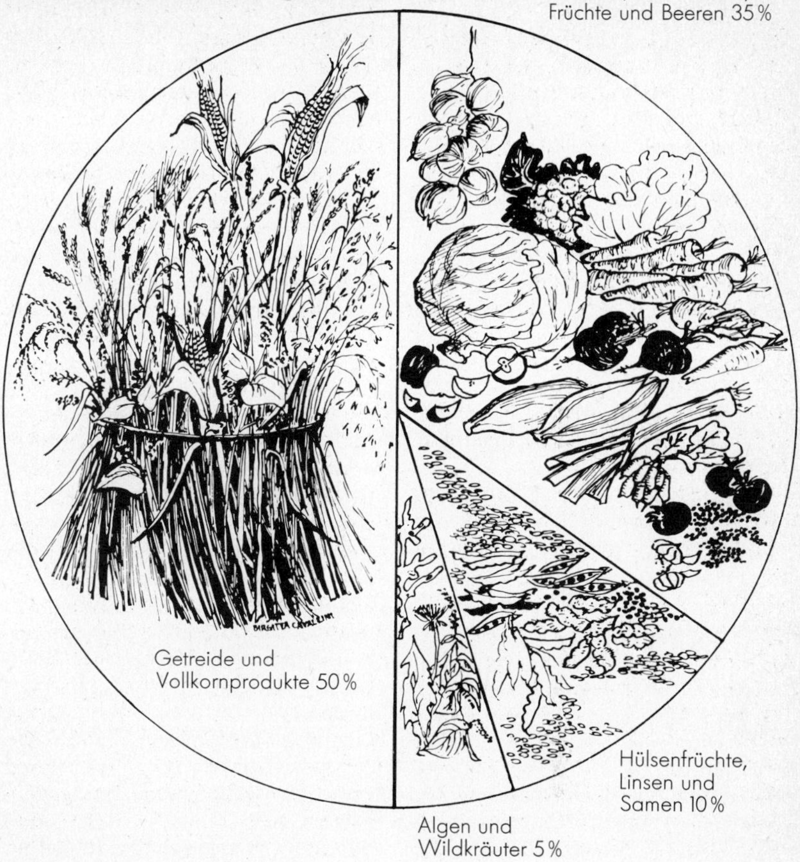

Die makrobiotische Grundnahrung
Getreide: Buchweizen, Hirse, Reis, Weizen, Roggen, Gerste, Hafer, Mais.
Gemüse: Hülsenfrüchte und Ölsamen aus biologischem Anbau.
Früchte: einheimische Beeren und naturgemäß angebaute Früchte.
Algen und Wildkräuter.

Zwei unausweichliche Bedingungen sind

- ☐ daß das Getreide richtig angebaut wird und der Boden mit allen Spurenelementen gut versorgt ist
- ☐ daß man durch sorgfältiges Kauen die Nahrungsstoffe schon im Mund spaltet. Anders kann der Körper diese ideale Nahrung nicht ausnutzen.

Leider sind im Hinblick auf Yin und Yang unsere Äcker heutzutage nicht in einem natürlichen Gleichgewichtszustand, d.h. einer Ausgeglichenheit zwischen den Hauptnahrungsstoffen mit Yin-Eigenschaften und den meisten Spurenelementen mit Yang-Charakter. Deshalb benötigt man auch eine Zukost zum Getreide.
Den *Grundstock* der Kost sollen aber die verschiedenen, abwechselnd verwendeten Getreidearten bilden. Je nach der Jahreszeit ergänzt man das Getreide mit Gemüse und Hackfrüchten sowie mit eiweißreichen Hülsenfrüchten, Keimen und, falls man dazu die Möglichkeit hat, gerne auch mit einem kleinen Zusatz von sogenannten Wildkräutern.
Brot ist eine konzentrierte Nahrung, die in allzugroßen Mengen stopfend wirken kann, was jedoch bei ganz gekochtem Getreide nicht der Fall ist. Nach einer gut gekauten Getreidemahlzeit, kombiniert mit Gemüse und Rohkost, fühlt man sich behaglich satt, anstatt müde und übersättigt wie nach einer Fleischmahlzeit. Zu den verschiedenen Arten, Getreide zuzubereiten, siehe den Rezeptteil (S. 101).
Der Nahrungskreis zeigt die ungefähren Proportionen der makrobiotischen Grundnahrung. Zum Beispiel Getreide und Vollkornprodukte 50%, Gemüse, Früchte und Beeren, ein Teil davon in Form von Rohkost und Salat, 35%, Hülsenfrüchte und andere eiweißreiche Zukost 10% (oder entsprechend animalische Nahrungsmittel), Algen (»Meeresgemüse«) oder spurenstoffreiche Wildkräuter 5%.

Unsere Getreidearten

Die verschiedenen Getreidearten stammen ursprünglich von verschiedenen Grassorten, die systematisch veredelt wurden.
Reis. Eine uralte Kulturpflanze aus Ostasien. Dort ebenso wichtig wie das Brot im Abendland. Ungefähr die Hälfte der Weltbevölkerung lebt von Reis. Wirkt günstig auf den Wasserhaushalt des Körpers. Diätmittel bei Nierenleiden.
Roggen. Seine Heimat ist Osteuropa. Er ist kräftig, nahrhaft und erfordert eine gute Verdauung. Er ist eine Getreideart für diejenigen, die schwere körperliche Arbeit leisten, und steht dem Weizen am nächsten. Durch seinen Kaliumgehalt unterstützt er die Leberfunktion.
Gerste. Ist wie der Weizen eine der ältesten Getreidearten und stammt aus den Ländern rings um das Mittelmeer. Man kann sie unseren einheimischen Reis nennen, da sie in vieler Hinsicht Reis sehr gut ersetzen kann.
Gerste hat die kürzeste Vegetationszeit der Getreidearten. Sie ist ein heilsames Diätmittel für Magen, Darm und Lungen, wirkt aber durch ihren Reichtum an Silizium und an Vitamin B_1 auch günstig auf das Nervensystem ein – Gerste war früher die Hauptnahrung der alten Griechen und wurde der Göttin Demeter als Opfer gebracht.
Weizen. Kommt ebenfalls aus den Ländern rings um das Mittelmeer. Er verlangt viel Wärme und stellt große Ansprüche an den Boden. Zusammen mit der Gerste bildete er den Grundstock der Ernährung der Römer. Gerste war die Nahrung der

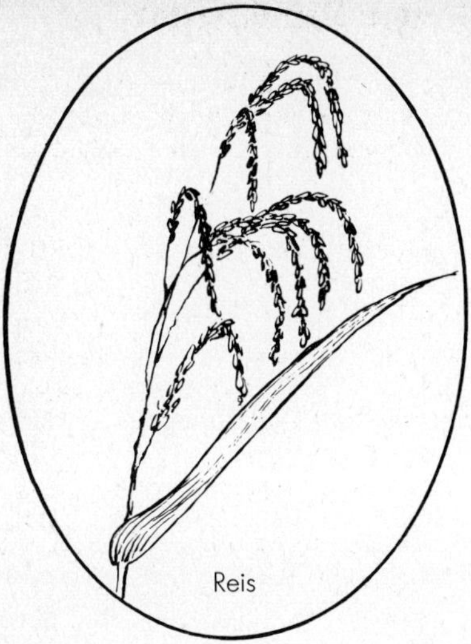

Reis

Gerste

Roggen

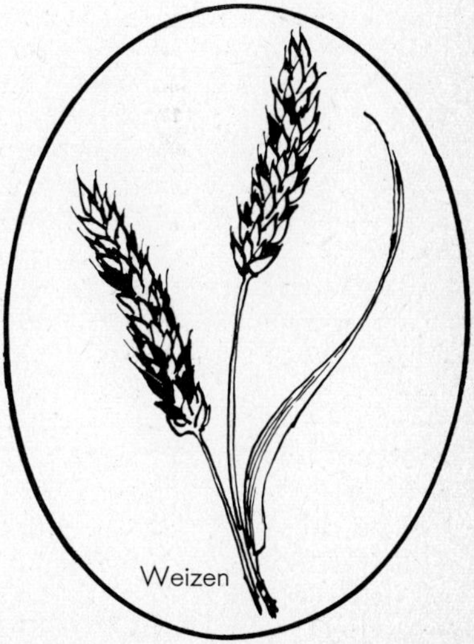

Weizen

Hafer

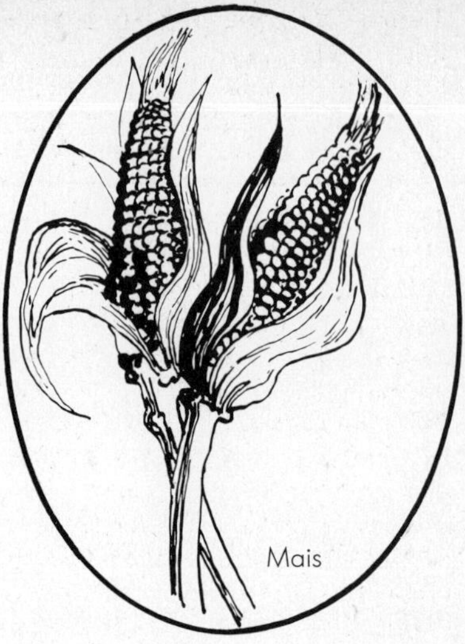
Mais

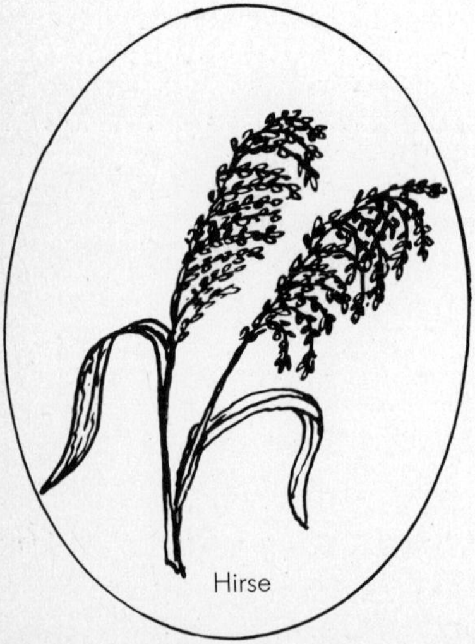
Hirse

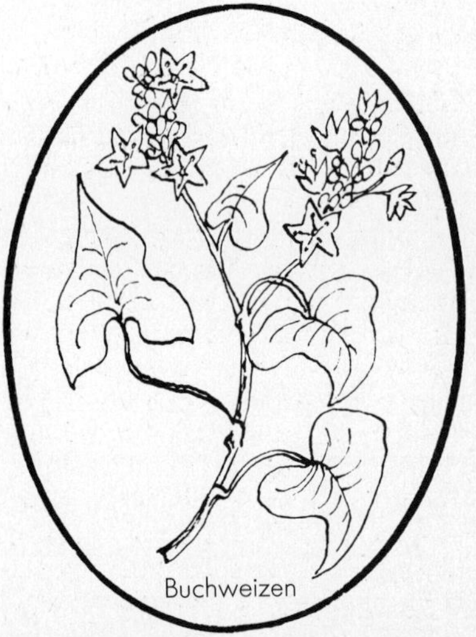
Buchweizen

Armen, während Weizen von den Besitzenden gegessen wurde.
Die Mineralstoffe des Weizens sind auf die Randschicht beschränkt, in der es sogar Eiweiß gibt (11 bis 13% Protein). Darum ist es, wenn es sich um Weizen handelt, besonders wichtig, daß wir das ganze Korn mit Keim und Kleie verarbeiten. Das raffinierte Produkt (Auszugsmehl), das ausschließlich den Mehlkörper enthält, hat geringen Nährwert. Weizen ist ein vielseitiges Nahrungsmittel, es wirkt harmonisierend und entlastend und ist leichter verdaulich als Roggen; ein Diätmittel bei Herz- und Kreislaufstörungen.

Hafer. War früher die im Norden am häufigsten angebaute Getreideart. Er ist widerstandsfähig und wächst gut in feuchtem Seeklima mit langen Tagen. Die alten Römer nannten die germanischen Völker im Norden geringschätzig »Haferfresser«.
Durch seinen Reichtum an Silizium und Spurenelementen, besonders Magnesium, wirkt Hafer günstig auf Störungen im Mineralhaushalt des Körpers und ist allgemein anregend.

Hirse. Ist die Hauptnahrung der Völker Afrikas. Sie wird selbst in Asien an den Stellen angebaut, wo der Boden für Reis zu trocken und sandig ist. Leicht verdaulich und aufbauend, hat sie einen hohen Gehalt an Mineralien und Spurenstoffen (Fluor, Magnesium, Kali, Phosphor und Eisen). Hirsediät ist besonders wertvoll für die Zähne, aber auch bei brüchigen Fingernägeln, Haarausfall und Hautkrankheiten.

Mais. Stammt vom amerikanischen Kontinent und wurde von den Indianern als eine Gottheit angesehen. Wir fügen ihn als Abwechslung in unseren Kostplan ein, aber man sollte nicht einseitig von Mais leben, da ihm bestimmte Eiweißstoffe fehlen. In der Diätkost kann er jedoch wie Reis, Hirse und Buchweizen große Bedeutung für Personen mit Glutenallergie haben.

Buchweizen. Gehört nicht zu der Grasfamilie, sondern ist ein Knöterichgewächs, das in Sibirien beheimatet ist. Er wird jedoch trotzdem zu den Getreidearten gerechnet. Die Pflanze hat herzförmige Blätter und weiße oder schwachrosa Blüten, die von den Bienen geschätzt werden. Die Samen sind dreikantig und von einer harten Schale umgeben, die vor der Verwendung entfernt werden muß. (Die Dreikantform ist ein uraltes Lichtsymbol.)
Buchweizen gedeiht auf mageren, leichten Böden, und man behauptet, er sei empfindlich gegen Spritzen und Düngen mit Kunstdünger. Buchweizen ist reich an hochwertigem Eiweiß (höherer Lysingehalt als die übrigen Getreidearten). Da er sehr leicht verdaulich ist, eignet er sich gut als Diätkost.

Warum eigenes Mehl mahlen?

Man sollte sein eigenes Getreide selbst mahlen. Beim Mahlen in den Großmühlen gehen mehr als 30 verschiedene Stoffe verloren, aber nur einige werden zugesetzt. Diese synthetischen Vitamine können bei weitem nicht das ganze Spektrum natürlicher Stoffe ersetzen, das es im Vollkornmehl gibt. Man weiß nunmehr auch, daß die Anreicherung mit Eisen keinen großen Nutzen bringt, da es dem Körper schwerfällt, das Eisen aufzunehmen.

Sehen wir, wie beispielsweise ein Weizenkorn aufgebaut ist (siehe Zeichnung). Die *Kleie* besteht aus der Fruchtschale und der Samenschale und bildet insgesamt sieben Häutchen, die im Mikroskop im ganzen Farbspektrum des Regenbogens schimmern, jedes Häutchen in einer eigenen Farbe. Kleie enthält Minerale und Zellulose und wirkt auf den Darm wie ein Reinigungsmittel. (Kleie ist Yang im Verhältnis zur Stärke.)

Die innerste Schicht, die *Aleuronschicht,* enthält viele lebenswichtige Stoffe wie Minerale, Spurenelemente, Vitamine und Eiweiß. Sie ist am vitaminreichsten.

An dem einen Ende befindet sich der *Keim,* der mit der Aleuronschicht zusammengewachsen ist. Der Keim enthält alle Vitamine B, Vitamin E, Fett sowie hochwertiges Eiweiß. Er ist sehr vitalstoffreich, denn aus ihm soll ja die neue Pflanze entstehen.

Ganz innen im Getreidekorn ist der sogenannte *Mehlkörper,* der hauptsächlich aus Stärke besteht. Minerale und Vitamine fehlen ihm, aber er hat die besten Backeigenschaften. (Die Vitamine B sind notwendig, damit wir die Stärke verarbeiten können.)

Um das weiße, raffinierte Mehl in unserem Stoffwechsel umzusetzen, werden Vitamine und Mineralstoffe sowie Spurenelemente gebraucht. Sie sind notwendig für das Zusammenspiel des Ganzen. *Nachdem es aber diese Stoffe nicht mehr im Mehl gibt, werden sie verschiedenen Stellen im Körper vorenthalten.* (Das gleiche gilt, wenn man raffinierten Industriezucker ißt, siehe S. 43.) So wird der Körper allmählich arm an wichtigen Mineralstoffen und Vitaminen.

Es ist auch wichtig, das Mehl so frisch wie möglich zu bekommen. Im Gegensatz zu dem toten, weißen Mehl ist Vollkornmehl eine Frischware. Unter Einwirkung von Luft wird es langsam ranzig. Die Haltbarkeit soll drei Monate betragen, Tatsache aber ist, daß schon nach einigen Stunden sich das Mehl auf Grund der Oxidation zu verändern beginnt. Man müßte deshalb verlangen, daß Herstellungsdaten für Vollkornmehl angegeben werden. Wir sollten von unseren Vorvätern lernen, die in Steinmühlen das Mehl direkt vor jedem Brotbacken mahlten, so wie es heute noch viele Naturvölker tun. Dann würden wir den vollen Gehalt ausnutzen und erhielten nicht nur die nährenden, sondern auch die heilenden Stoffe. Nach dem Alten Testament wurde die Getreidemühle als so lebensnotwendig angesehen, daß sie nicht als Pfand genommen werden durfte.

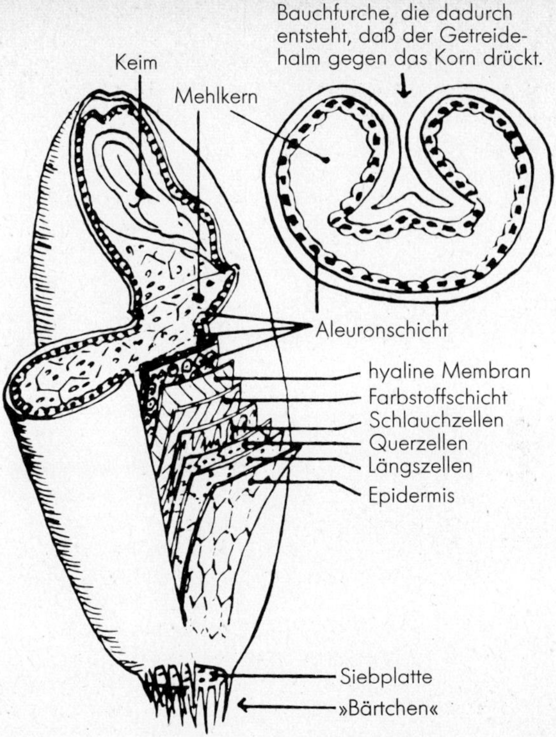

Schematischer Aufbau eines Weizenkorns (aus Kollath: Getreide und Mensch).

Das ganze Getreide hält sich dagegen beliebig lange, wenn es trocken, kühl und luftig aufbewahrt wird. Man hat Weizenkörner in den Pyramiden gefunden, die immer noch keimfähig waren. Da das ganze Getreide über Jahre hinaus gelagert werden kann, ist es beispielsweise ein wertvoller Vorrat für Katastrophenzeiten.

Manchmal hört man den Einwand: »Ich vertrage keine Vollkornprodukte, ich kann nur das helle Brot vertragen« usw. Dann ist man in einem Teufelskreis gelandet. Man verträgt keine richtige Kost, weil man sich immer falsch ernährt hat. Also weicht man der richtigen Nahrung aus und ißt sich mit der Zeit noch kränker.

Bei einer Kostumstellung muß man jedoch behutsam vorgehen, damit die Darmflora Zeit hat, sich umzustellen. Keine stürmischen Änderungen auf einmal. Der Körper muß unter Umständen daran *ge-*

wöhnt werden, Vollkornprodukte zu verarbeiten, und da er sich ständig erneuert, ist das nicht unmöglich. Man muß sich mit kleinen, gut gekauten Portionen vorsichtig vorwärts tasten. Eine gute Einleitung zu einer Kostumstellung kann eine Fastenkur sein. (Über Fasten siehe S. 174).

Ballaststoffe

Ballaststoffe (Faserstoffe) sind die unverdaulichen Bestandteile unserer Lebensmittel aus dem Pflanzenreich und der Teil unserer Nahrung, der am längsten ignoriert wurde. Ballaststoffe wurden zumeist als ein reines Abfallprodukt behandelt, das man ohne weiteres entbehren könnte; mehr und mehr aber fängt man an, die Bedeutung dieser Stoffe zu verstehen. Die bekanntesten Typen von Faserstoffen sind Zellulose und Pektin.

Faserstoffe finden sich in Vollkorngetreide, Obst, Gemüse und Leinsamen. Vor allem sind sie in der Kleie, den Randschichten des Getreidekorns, enthalten und sind ein wertvoller Bestandteil der Kost.

Darüber, wie wichtig diese Faserstoffe für unsere Gesundheit sind, gibt es ständig neue, wissenschaftliche Beweise. Man hat herausgefunden, daß die faserreiche Vollwertkost einer Reihe verschiedener sogenannter Zivilisationskrankheiten vorbeugt, wie Verstopfung, Hämorrhoiden, Krampfadern, Fettleibigkeit, Diabetes, Darmkrebs, Arterienverkalkung, Herz- und Gefäßkrankheiten.

Die faserreiche Vollkornkost begünstigt die Ausbildung einer gesunden Darmflora, die sogar einer chronischen Verstopfung abhelfen kann. Essen, das zuwenig Faserstoffe enthält, passiert den Darm sehr langsam und kann mehrere Tage im Dickdarm verbleiben. Wie Versuche zeigten, haben Faserstoffe die Eigenschaft, Giftstoffe im Körper zu absorbieren und binden zu können. Da faserreiche Nahrung

den Verdauungskanal 2- bis 3mal schneller passiert als faserarme Kost, werden die schädlichen Stoffe nicht in gleicher Weise vom Körper aufgenommen.
Die Tasche über dem Blinddarm lagert Zellulose und Bakterien, die das Vitamin B bilden. Gelangen zu viele »Fleischfasern« dorthin, dann werden Urinsäure und giftige Abbauprodukte gebildet. Damit wächst das Risiko von Blinddarmentzündungen beträchtlich. Die Forschung hat ergeben, daß Fleischesser in besonders hohem Maße davon betroffen werden, während sie bei Vegetariern fast unbekannt sind.
Wählen Sie immer ein Nahrungsmittel, bei dem die Gesamtheit erhalten blieb, d.h. Produkte, denen nichts entzogen wurde. Vermeiden Sie raffiniertes, weißes Mehl und raffinierte Getreideprodukte. Entscheiden Sie sich statt dessen für Vollkornmehl (Mehl aus Vollkornweizen oder -roggen), Vollkornspaghetti, richtiges Vollkornbrot usw. Wenn Sie gerne selbst backen, dann vermeiden Sie alle Zusätze im Brot.
Wer aus verschiedenen Gründen gezwungen ist, oft seine Mahlzeiten draußen einzunehmen, benötigt u. U. einen Zusatz von Fasern, z. B. in Form von Weizenkleie, die mit dem Frühstück gemischt oder auf das Essen gestreut wird. Auch wenn Weizenkleie keine Medizin im üblichen Sinne ist, kann sie doch als solche eingenommen werden – einige Eßlöffel am Tag sind ausreichend.
Wenn man von einer ausgewogenen, makrobiotischen Kost lebt, mit unraffiniertem Getreide, Bohnen, Obst und Gemüse als Grundstock, muß man niemals befürchten, nicht genügend Faserstoffe in der Kost zu bekommen. Zusätzliche Kleie wird nicht benötigt, da man die Faserstoffe in ihrem richtigen, natürlichen Zusammenhang zu sich nimmt.

Eiweißstoffe

Um Antwort auf die Frage zu bekommen, wie man als Vegetarier seinen Proteinbedarf deckt, sollte man in etwa wissen, was Protein ist. Protein, in der Umgangssprache Eiweiß, ist der gemeinsame Name für verschiedene große Gruppen organischer Stoffe, die im Körper lebenswichtige Aufgaben haben. Ohne Protein kann es kein Leben geben. Der Name Protein kommt von dem Griechischen *proteios,* was *das Erste, das Wichtigste* bedeutet. Protein ist das Aufbaumaterial für unsere Zellen, es ist notwendig zur Wiederherstellung und Erneuerung aller Körpergewebe. Enzyme und Hormone, wichtig für die verschiedenen Prozesse, die sich im Körper abspielen, sind hauptsächlich aus Proteinen aufgebaut. Auch die Antikörper im Blut, die Immunität gegen Infektionskrankheiten bieten, bestehen aus Protein (Gamma-Globulin).

Die Proteine sind aus Aminosäuren zusammengesetzt, die als die Bausteine des Eiweißes bezeichnet werden. Von den rund 20 Aminosäuren, die das Körpereiweiß aufbau-

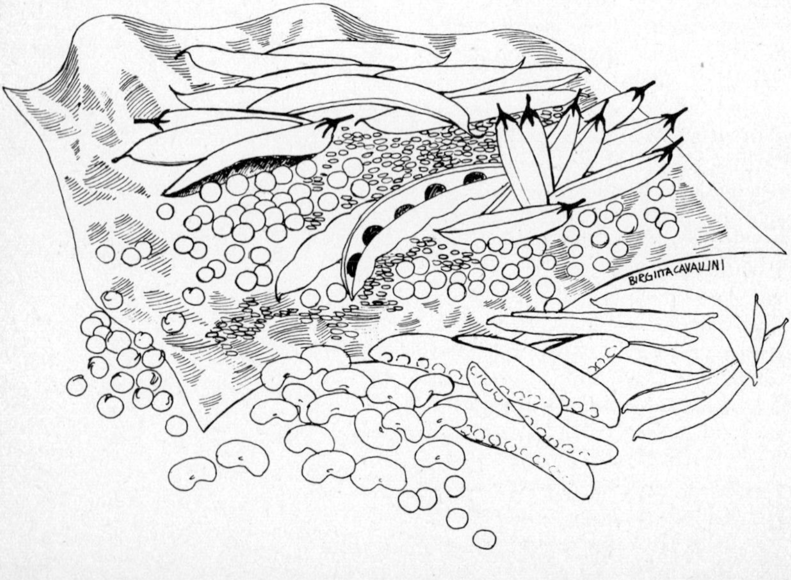

en, kann der Körper acht nicht selbst produzieren, sie müssen also mit der Nahrung zugeführt werden. Es handelt sich dabei um: Tryptophan, Phenylalanin, Lysin, Threonin, Valin, Metionin, Leuzin, Isoleuzin (bei Säuglingen wird auch Histidin dazugerechnet).
Dies sind die acht Aminosäuren, die für den Eiweißwert eines Nahrungsmittels ausschlaggebend sind, und sie sind gemeint, wenn man von den *essentiellen Aminosäuren* spricht (essentiell: unentbehrlich, lebensnotwendig). Die übrigen Aminosäuren kann der Körper selbst bilden.
Unabhängig davon, woher man sein Eiweiß nimmt, müssen die Proteine der Nahrung vollständig in Aminosäuren umgewandelt werden, damit sie ausgenutzt werden können. Das geschieht mit Hilfe verschiedener Enzyme im Magen und im Darmkanal. Aus diesen »Bausteinen« baut dann der Körper arteigene Eiweißstoffe für seine verschiedenen Bedürfnisse auf.
Eine nahrhafte Kost soll nicht nur ausreichend proteinreich sein, sondern sie soll Protein auch in *hoher Qualität* enthalten. Mit Qualität ist der biologische Wert des Proteins gemeint, d.h. der Proteinanteil der Nahrung, den der Körper ausnutzen kann.
Ein Nahrungsmittel, das alle essentiellen Aminosäuren im *richtigen Verhältnis* enthält, wird eine komplette Proteinquelle genannt. Wir benötigen nicht die genau gleiche Menge von jeder der verschiedenen Aminosäuren, und sie können sich gegenseitig nicht ersetzen. Deshalb läßt sich der Mangel an einer Aminosäure nicht durch Überschuß an anderen Aminosäuren ausgleichen. Um als Baumaterial genutzt werden zu können, müssen alle essentiellen Aminosäuren gleichzeitig im Verdauungskanal vorhanden sein. Der Körper kann sie nicht lagern, und ist der Vorrat unvollständig, so werden sie statt dessen zu Energie verbrannt. Eine andere Voraussetzung für die Ausnutzung des Proteins zum Zellaufbau ist die Deckung des Energiebedarfs, sonst wird das Protein in erster Linie als Energiequelle genützt.
Leichter Proteinmangel bringt Müdigkeit mit sich, Blutmangel, gesteigerte Empfindlichkeit gegenüber Infektionen, schlechtes Wachstum, schlechte Wundheilung. Ein stärkerer Mangel verursacht Muskelschwund, Ödeme (Flüssigkeit, die sich im Körpergewebe ansammelt), Leberschäden und hemmt das physische Wachstum und die psychische Entwicklung.

Erhält man bei einer vegetarischen Kost genügend Proteine?

Proteine finden sich in unterschiedlichen Mengen in fast allen Lebensmitteln. Wenn aber von Protein die Rede ist, denken wohl die meisten an tierisches Protein, wie es sich in Fleisch, Fisch, Eiern und Molkereiprodukten findet. Diese Nahrungsmittel sind sicherlich sehr gute Lieferanten für *vollständige* Proteine, aber sie sind nicht die einzigen. Pflanzeneiweiß in den verschiedenen Kombinationen schenkt gleichermaßen nährende und vollständige Proteine, so daß es vom Ernährungsgesichtspunkt aus nicht notwendig ist, Fleisch zu essen.

Es gibt keinen wissenschaftlichen Beweis dafür, daß tierisches Protein in der Nahrung enthalten sein muß. Im Gegenteil, die Wissenschaft hat inzwischen bestätigt, daß pflanzliches Eiweiß genauso wertvoll ist wie tierisches, besonders, wenn man *Vollkorn* und *Gemüse* kombiniert. Werden die Mahlzeiten darüber hinaus mit gesäuerten Produkten ergänzt, so wird der biologische Wert noch weiter erhöht.

In der lakto-vegetarischen Kost, die also Milch und Molkereiprodukte einschließt, liegt absolut keine Gefahr, daß man zuwenig Protein zu sich nimmt. Die Molkereiprodukte enthalten hochwertiges Protein, das das Getreide ergänzt.

Schließt man aus verschiedenen Gründen diese Nahrungsstoffe aus, muß man etwas mehr Sorgfalt auf die Zusammenstellung der Nahrung legen. Wenn man jedoch das Getreide mit Soja oder anderen Hülsenfrüchten, mit Sesam, Nährhefe oder Blattgemüse ergänzt, ist man abgesichert. Das Sojaprotein, das selbst hochwertig ist, wird z. B. mit unbehandeltem Reis zusammen vollwertig.

Alle Hülsenfruchtarten (Erbsen, Bohnen, Linsen, Kichererbsen, Soja usw.) sind sehr proteinreich. Es ist aber unsinnig, von der Proteinmenge eines Nahrungsmittels zu sprechen oder von dem Prozentgehalt an Protein. Entscheidend ist, in welchen Verhältnissen die verschiedenen essentiellen Aminosäuren vorkommen, da der Körper nur ein bestimmtes Aminosäuremuster verwerten kann.

Ißt man pflanzliches Protein einer einzigen Herkunft (z. B. Bohnen *oder* Reis), so wird die Proteinmenge, die der Körper verwerten kann, durch die Aminosäuren bestimmt, die in diesem Nahrungsmittel enthalten sind (bei Bohnen Metionin und bei Reis Lysin). *Kombiniert* man dagegen bei einer Mahlzeit verschiedene Arten pflanzlicher Nahrung, dann kann der Mangel an essentiellen Aminosäuren bei dem einen Nahrungsmittel dadurch ausgeglichen werden, daß sie in den anderen enthalten sind.

Durch Kombination des Eiweißes der Getreidearten mit dem verschiedener Hülsenfrüchte, z. B. Reis mit Soja, Weizen mit Kichererbsen, Gerste mit Linsen, wird das Protein vollwertig. Sojabohnen und andere Hülsenfrüchte sind jedoch ziemlich kräftige Nahrung, die für manchen schwer verdaulich und blähend sein kann. Wenn man keine schwere körperliche Arbeit leistet, müssen sie nicht täglich gegessen werden.

Soja kann zur Bereicherung der Nahrung auch in Form von Sojamehl verwendet werden.
Auch in vielen anderen Nahrungsmitteln, z. B. in grünem Blattgemüse und in Nährhefe, ist die Aminosäure Lysin enthalten, die das Getreide ergänzen kann. Die Kartoffel ist eine ziemlich »neuentdeckte« Proteinquelle. Sie enthält Protein von hoher Qualität, wenn auch in geringer Menge.

Wieviel Protein ist ausreichend?

Vor nur wenigen Jahrzehnten lagen die offiziellen Normen für unseren Bedarf an Protein viel zu hoch. Nach und nach wurden sie revidiert und gesenkt. Die hohe Proteinnorm des 19. Jahrhunderts mit rund 2 g/kg Körpergewicht wurde auf 1,5 g verringert. Heute gelten offiziell 0,8 g/1 kg Körpergewicht und Tag. Das sind ungefähr 50 g pro Tag für eine Person mit 70 kg Gewicht. Die WHO (die Weltgesundheitsorganisation) hat jedoch Untersuchungen vorgenommen, die beweisen, daß 35 g pflanzliches Eiweiß pro Tag ausreichend sind, wenn man ausgewogen ißt.
Von großer Bedeutung ist die Darmflora. Ist sie normal, so mindert sich der Bedarf an Protein, dagegen erhöht ein degenerierter Darm den Bedarf. Eiweißmangel kann aber auch bei normalen Eiweißzufuhren entstehen, wenn der Körper es nicht verwerten kann. Sind für die Darmflora die richtigen Bedingungen gegeben, kann man mit bedeutend geringeren Mengen Protein auskommen, als man heute allgemein annimmt.
Da wir, was vollwertiges Protein und die richtig zusammengesetzten Mengen von Aminosäuren angeht, nicht auf Fleisch angewiesen sind, kann der Fleischverbrauch als ein Luxusverbrauch angesehen werden und, global gesehen, als eine unerhörte Verschwendung der Vorräte der Erde.

Kann man zuviel Protein zu sich nehmen?

Man braucht keine Angst vor Proteinmangel zu haben, nur weil man auf tierische Nahrungsmittel verzichtet. Eher ist es so, daß Fleischesser Gefahr laufen, *zuviel* Protein zu sich zu nehmen. Bei der gewöhnlichen sogenannten Hausmannskost liegt die Proteinaufnahme in der Regel über den offiziellen Empfehlungen. Untersuchungen haben bewiesen, daß ein Überschuß an Eiweiß, besonders an tierischem, den Ausscheidungsmechanismus des Körpers schwer belastet. Die Eiweißreste bilden zusammen mit den Fettresten Ablagerungen und verstopfen verschiedene Passagen wie z. B. Nervenstränge, Muskelgewebe, die interzellularen Hohlräume sowie Arterien und Venen. Das trägt zum zeitigen Altern bei und verursacht verschiedene Krankheiten. Es wird auch vermutet, daß ein Überschuß an tierischem Eiweiß die Ursache vieler Zivilisationskrankheiten ist, wie hoher Blutdruck, Herzinfarkt usw., da sich durch eine zu fett- und eiweißreiche Kost die Kapillarwände verdicken würden. Wenn wir unsere Kost hauptsächlich auf Vollkorn und Gemüse stützen, vermeiden wir das Risiko einer Überkonsumation von Eiweiß.

Das Kombinieren verschiedener pflanzlicher Lebensmittel

Professor H. A. Schweighart, Vorsitzender der Internationalen Gesellschaft für Vitalstofforschung, und viele seiner Mitarbeiter haben umfassende Studien und Untersuchungen der Frage ausreichender Eiweißversorgung in dem Fall gewidmet, in dem die Vorräte an tierischem Protein knapp oder nicht vorhanden sind. Das gesammelte Material über rund 1200 Eiweißkombinationen wurde schon 1960 von F. Stahl, Straßburg, bearbeitet, um zu sehen, ob eine Verbesserung der Eiweißversorgung durch die Kombination gewöhnlicher pflanzlicher Lebensmittel möglich ist. Er fand heraus, daß selbst bei der Kombination von nur zwei solcher Lebensmittel sehr günstige Eiweißzusammenstellungen erzielt werden. Natürlich sind die Möglichkeiten noch größer, wenn man in der täglichen Kost drei, vier oder noch mehr Lebensmittel kombiniert.

In einer sehr summarischen, schematischen Darstellung ist der zusammengesetzte Eiweißeffekt von zwei solchen Komponenten in den folgenden Diagrammen angegeben. Die ansteigende Linie gilt für eine Getreideart (immer Vollkorn), während der Anstieg des Eiweißwertes von links nach rechts das Ergebnis des Zusammenwirkens zwischen den einzelnen Lebensmitteln und der oben angegebenen Getreidesorte ist. Der Ausgangswert ganz links entspricht dem eigenen Eiweiß des Getreides. Ganz rechts wird *zum Vergleich* der Wert des Getreides in

Roggen (geringster Wert an Metionin)

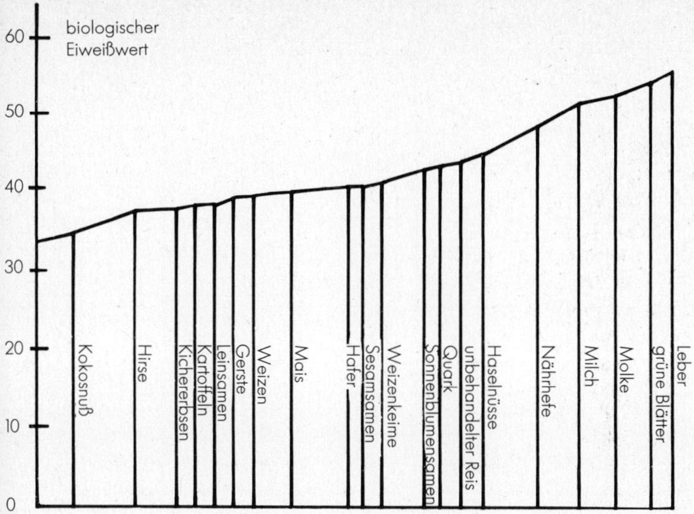

Weizen (geringster Wert an Lysin)

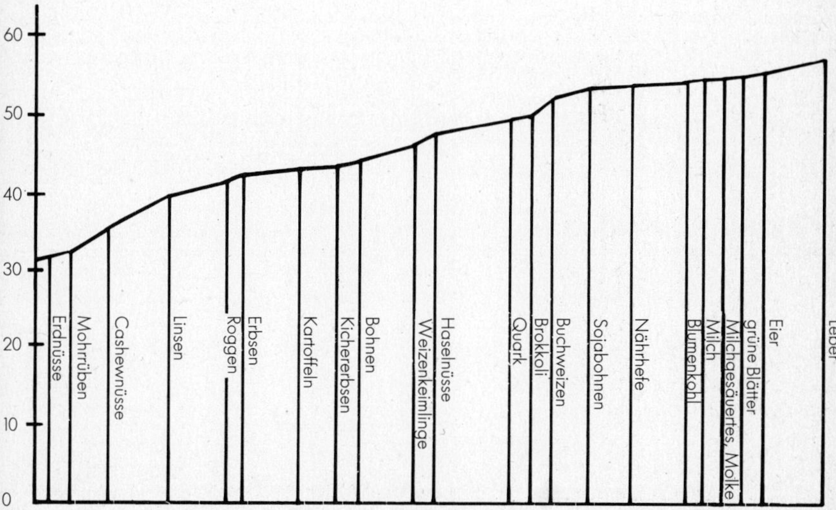

unbehandelter Reis (geringster Wert an Lysin)

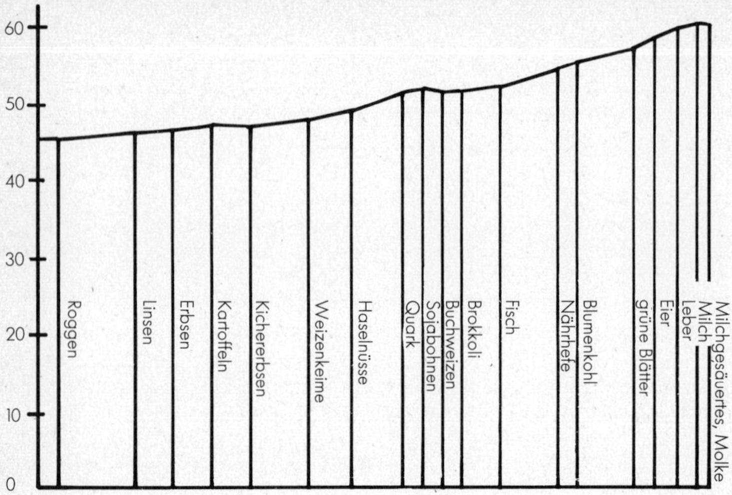

Buchweizen (geringster Wert an Metionin)

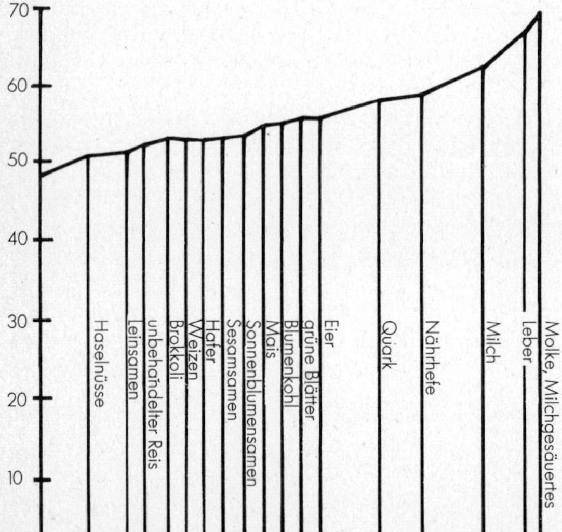

Kombination mit Rinderleber angegeben, von der man der Meinung ist, sie habe die günstigste Verbindung essentieller Aminosäuren. (Aber: 75% aller Rinderleber ist wegen Leberschäden beim Vieh für die menschliche Ernährung ungeeignet und muß in den Schlachtereien weggeworfen werden.) Jedes dieser Diagramme gibt eine Anleitung, mit welchen anderen Lebensmitteln das Eiweiß des Getreides ergänzt werden kann. Für eine Eiweißversorgung mittlerer Güte eignen sich alle Kombinationen, die in dem Diagramm zusammen einen Wert von über 45 erreichen. Auch verschiedene Getreidesorten ergänzen sich gegenseitig, nicht jedoch z.B. Roggen und Buchweizen, da beide – verglichen mit den anderen Eiweißarten – bei Methionin ihren geringsten Wert haben.

Allen Getreidesorten (auch den hier nicht in einem besonderen Diagramm angeführten – Gerste, Hafer, Hirse, Mais) gemeinsam ist, daß frische grüne Blätter eine auffallend hohe Aufwertung des Getreides zur Folge haben, und das gilt noch stärker für milchgesäuerte Gemüse oder Molke. Durch Milchsäuregärung, die mit Hilfe von Pilzen und Mikroorganismen erfolgt, wird das Essen mit Aminosäuren bereichert, und man erhält sogar Vitamin B_{12}, an dem es Vegetariern mitunter mangeln kann.

Mit unbehandeltem Reis als Hauptnahrungsmittel hat man viele Eiweißkombinationen zur Auswahl, die eine genügende Versorgung mit allen essentiellen Aminosäuren gewährleisten. Es ist deshalb nicht verwunderlich, daß die Völker Ostasiens ihre Lebenskraft über 3000 Jahre bewahrt haben. Zu jeder Reismahlzeit essen sie frisches Gemüse oder frische grüne Blätter. Damit erreichen sie einen Eiweißwert, der dem der Rinderleber gleicht.

Grüne Blätter enthalten darüber hinaus das Enzym Phytase, das das Phytin im Vollkornreis in Inosit und Kalziumphosphat aufspaltet. Deshalb kann mit einer derart einfachen Nahrung auch der Kalkbedarf befriedigt werden, selbst wenn man keine Milch trinkt. *Aus diesem Grund sollte man zur Getreidekost immer etwas Grünes essen.*

Eine andere, gute Gewohnheit ist die Gärung eines Teils des Getreides mit Milchsäure. Sauerteigbrot oder eine Suppe aus gesäuertem Getreide ist nicht nur sättigend und wohlschmeckend, sondern hat auch einen sehr hohen Gesundheitswert. Mit Milchsäure vergorenes Gemüse sowie Wurzelgemüse ergeben weitere Kombinationsmöglichkeiten. Bei der Milchsäuregärung von Vollkornmehl wird auch Phytin aufgespalten, und zwar auf die gleiche Art wie durch Phytase in den grünen Blättern. Im Winter, wenn es keine grünen Blätter gibt, ist gesäuertes Brot das einfachste Mittel zur Kalkversorgung, wenn man Milch vermeiden möchte. Bäckt man Brot mit gewöhnlicher Hefe, so wird das Phytin im Getreide nicht gespalten (weiteres siehe S. 143).

Buchweizen ist unter den Getreidearten am reichsten an Eiweißstoffen, er allein enthält so viel Protein wie Fleisch. Buchweizen und Reis ergeben bei der Milchsäuregärung einen noch höheren Eiweißwert als

mit Leber zusammen. Andere proteinreiche Beigaben zum Essen sind Tahin, Sesampaste, Miso (mit Milchsäure vergorene Sojapaste), Tamari (echte Sojasoße) samt verschiedenen Nüssen und Samen (Sonnenblumenkernen, Sesamsamen, Leinsamen) sowie Nährhefe, die es als Flocken und als Pulver gibt.
Ein Dessertlöffel Tahin entspricht dem Nährwert von einem Ei. Die Paste wird in etwas Flüssigkeit angerührt und dem fertigen Essen beigegeben, oder sie wird, abgeschmeckt mit etwas Miso, als Brotaufstrich verwendet. Ein solcher Brotaufstrich ersetzt sowohl Butter wie Käse auf dem Brot. Sojamehl oder Nährhefe kann zur Proteinergänzung bei der Essenszubereitung verwendet werden, z. B. bei vegetarischen Füllungen.

Fette

Fette sind ein notwendiger Bestandteil der Ernährung. Um uns wohl zu fühlen und um die fettlöslichen Vitamine A, D, E, K in der Ernährung verwerten zu können, brauchen wir eine gewisse Menge Fett, insbesondere die essentiellen Fettsäuren.

Wieviel Fett braucht man?

Eine absolute Zahl anzugeben, ist schwer. Bei der heutigen Kost macht das Fett 40% der gesamten Energiezufuhr aus, was etwa 120 g pro Person und Tag entspricht. Das ist viel zuviel. Der Fettanteil sollte

unter der Annahme, daß die gesamte Kalorienzahl 2500 beträgt, höchstens 25% der Energie liefern oder 70 g Fett pro Tag nicht übersteigen. (1 g Fett entspricht 9 kcal). Viele sehen 40 g Fett als ausreichend an.
Die Fettverbrennung ist äußerst individuell. Hier spielen verschiedene Umstände eine Rolle, der Gesundheitszustand und die individuelle Konstitution, ob man schwere körperliche Arbeit leistet oder sich bewegt. Auch wenn einige Menschen mehr Fett als andere »vertragen«, so fühlen sich die meisten doch am wohlsten, wenn die Fettzufuhr auf einem möglichst niedrigen Niveau gehalten wird. Darüber hinaus ist kein Bestandteil der Kost allein ausschlaggebend. Für eine richtige Umsetzung der Fette ist die Mitwirkung von Kohlehydraten und notwendigen Vitalstoffen, d.h. von Vitaminen, Enzymen, Mineral- und Spurenstoffen, erforderlich.
Was für ein Fett soll man nehmen? In dieser Frage stimmen nicht einmal die sogenannten Experten überein. Einige behaupten, man solle nur mehrfach ungesättigte Fette in der Kost verwenden, ein Teil warnt gerade davor, andere sind der Ansicht, es spiele keine Rolle, welche Art von Fett man verwende, Hauptsache sei, man verwende *sowenig wie möglich*. Was die alarmierenden Nachrichten hinsichtlich der mehrfach ungesättigten Öle betrifft, so kann man einwenden, daß die Laborversuche, die häufig diesen Warnungen zugrunde liegen, kaum den Verhältnissen in einer gewöhnlichen Küche zu Hause gleichen. Die Öle werden, vielleicht 20 Stunden lang, auf extreme Temperaturen erhitzt, bevor sie analysiert werden.
Es gibt drei Arten von Fett:
Gesättigte Fette; sie kommen besonders vor in tierischem Fett, Butter, Sahne, fettem Fleisch, Metzgereierzeugnissen und sogenannten Haushaltsmargarinen.
Ungesättigte Fette (auch einfach-ungesättigte genannt), z.B. Olivenöl.
Mehrfach ungesättigte Fette (sie enthalten die essentielle Fettsäure, Linolsäure genannt), z.B. Sonnenblumen-, Distelsamen- und Sesamöl.
Nehmen wir zuviel von den *gesättigten* Fetten zu uns, ist die Gefahr von Adernverkalkung oder, genauer gesagt, von Adernverfettung groß. Es ist gerade dieses Fett, das einen hohen Cholesterinspiegel im Blut ergibt und Ablagerungen in den Arterien verursacht, besonders wenn man keine ausreichende Bewegung hat.
Die leichtflüssigen Öle, wie z.B. Sonnenblumen-, Leinsamen-, Distelsamen-, Sesamkeim- und Maisöl, sind reich an *mehrfach ungesättigten* Fettsäuren, die die lebensnotwendige Linolsäure enthalten. Aber nicht nur der Gehalt an mehrfach ungesättigtem Fett ist wesentlich. Entscheidend für die Qualität des Öls ist, außer der Anbauweise des Rohprodukts, auch das Herstellungsverfahren.
Um eine gute Qualität zu erhalten, muß gefordert werden, daß das Öl *kaltgepreßt* und *unraffiniert* ist, daß es aus der ersten Pressung stammt, nicht chemisch extrahiert und nach dem Pressen nicht chemisch geklärt worden ist.

Klinische Versuche haben bewiesen, daß diese mehrfach ungesättigten Fette eine blutfettsenkende Wirkung haben, die den erhöhten Cholesterinspiegel im Blut sowohl drosseln wie normalisieren können. Auf Grund ihrer leichten Verdaulichkeit sind sie sehr wertvoll bei Magenkrankheiten, Leberstörungen usw. Das gilt jedoch nur bei kaltgepreßten und unraffinierten Ölen. Sie dürfen nicht unter Wärme hergestellt oder einer chemischen Behandlung ausgesetzt werden, und sie sollen am besten auch bei der Essenszubereitung nicht erhitzt werden.

Natürlich darf man diese Öle nicht als eine Art Wundermedizin gebrauchen, so daß man wegen des Cholesterinspiegels dem Essen außer den gewöhnlichen Fettmengen auch noch etwas kaltgepreßtes Öl zusetzt. Man muß vielmehr die gesättigten Fette gegen die mehrfach ungesättigten Fette austauschen, wobei man gleichzeitig den Fettverbrauch senkt.

Es ist gefährlich zu glauben, man könne nur mit Hilfe von mehrfach ungesättigtem Fett einen ganzen Komplex fehlerhafter Lebensführung, wie zu hohen Fett-, Zucker- und Proteinverbrauch, wenig Faserstoffe und Mangel an Bewegung, vielleicht außerdem Rauchen, Streß usw., ausgleichen.

Olivenöl

Olivenöl gehört zu den *einfach ungesättigten* Fetten und kann als ein Mittelding zwischen gesättigten und mehrfach ungesättigten Fetten angesehen werden. Der Blutfettgehalt wird von den einfach ungesättigten Fettsäuren weder erhöht noch gesenkt. Da das Olivenöl fast nur aus solchem Fett besteht, verträgt es die Erhitzung besser und wird gewöhnlich zum Braten empfohlen. Aber trotz des geringen Gehalts an mehrfach ungesättigtem Fett schreibt man ihm doch eine ganze Reihe gesundheitsfördernder Eigenschaften zu, außerdem enthält es ziemlich viel Vitamin E, was das Ranzigwerden des Öls verhindert.

H. Karström schreibt in seinem Buch »Rätt kost – grunden till god hälsa« (Richtige Kost – die Grundlage guter Gesundheit) (1978), daß die Menschheit seit unvordenklichen Zeiten Olivenöl verwendet habe. In den südeuropäischen Ländern, in denen Olivenöl täglich benutzt wird, ist die Sterblichkeit bei Herz- und Gefäßkrankheiten nur halb so hoch wie bei den nordeuropäischen Völkern. Das beruht darauf, daß das Olivenöl *indirekt* senkend auf den Cholesterinspiegel des Blutes wirkt. Der hohe Gehalt an Vitamin E wirkt der Bildung von Blutgerinnseln entgegen und fördert die Funktionen der Schilddrüse sowie die Säureaufnahme in den Körpergeweben. Auch auf Leber und Galle wirkt er günstig ein. Das beste Olivenöl erhält man bei der ersten Pressung und wird Jungfrauenöl genannt.

Wie schon oben erwähnt, ist es wichtig, daß alle Öle *kaltgepreßt* sind. Sicherlich ergibt die Herstellung mit Hilfe von Wärme und Chemie eine größere Ausbeute des Rohstoffs, aber sie bringt eine erhebliche Qualitätsverschlechterung des Öls mit sich. Beim Bleichen, Raffinieren und der weiteren Behandlung verschwinden dann die wertvollen Spurenstoffe.

Kann man in mehrfach ungesättigtem Fett braten?

Auch hier gehen die Meinungen stark auseinander. Wird aber die Brattemperatur nicht zu hoch, ist es *nicht gefährlich,* z. B. in Sonnenblumenöl zu braten. Natürlich darf man das Öl nicht überhitzen. Die Temperatur soll 180° nicht übersteigen, es soll nur leicht zischen, wenn man etwas in die Pfanne legt. Man kann das zuerst mit einem kleinen Streifen Zwiebel o. ä. prüfen. Wird das Öl zu heiß und beginnt zu sieden und zu rauchen, so ist es besser, das Fett wegzugießen und den Topf etwas abkühlen zu lassen.

Brät man mit Sonnenblumenöl, so verliert das Öl einen Teil seines mehrfach ungesättigten Charakters. Es hat also nicht mehr den gleichen Nutzen, was nicht heißt, daß es ungesund wäre. Man kann vielleicht sagen, es ist schade um das schöne, mehrfach ungesättigte Öl. Außerdem kann es schlecht schmecken, wenn es überhitzt wird. Eine zu geringe Brattemperatur ist aber auch nicht gut, denn dann ist mehr Fett erforderlich, weil es von den Nahrungsmitteln aufgesaugt wird.

Anstatt zu braten oder zu schmoren, kann man die Gemüse »dünsten«, indem man so viel Wasser dem Öl im Topf zusetzt, daß der Boden bedeckt ist. Dann wird das Öl niemals überhitzt, es kann nie heißer werden als der Siedepunkt des Wassers. Das Fett bewirkt, daß die Vitamine besser bewahrt werden. Es ist eine schonendere Methode als das Braten oder Schmoren. Will man mit Öl recht sparsam sein, dann reicht es, den Topfboden bloß einzupinseln, statt Öl darauf zu gießen. Will man überhaupt vermeiden, die feinen Öle zu erhitzen, kann man sie zusetzen, wenn das Gericht fertig ist.

Margarine

Margarine ist ein Kunstprodukt, das sich aus einer Mischung von gesättigtem und ungesättigtem Fett sowie Wasser zusammensetzt. Der Rohstoff der Margarine besteht aus flüssigen Ölen. Damit aber diese flüssigen Öle in einen festen Zustand übergehen, zu Margarine werden, müssen sie eine Reihe verschiedener Prozesse durchlaufen. Die sogenannten Halbkalorienmargarinen sind besonders fragwürdig; sie sind immer aus warmgepreßten Ölen zusammengesetzt.

Bei der Herstellung werden sie mit Hexan, einer Art Benzin, extrahiert, mit Nickel gehärtet, gefärbt, konserviert und mit verschiedenen Aromastoffen abgeschmeckt. Als Konsistenzgeber wird Monoglyzerid verwendet, ein Produkt, das auf chemischem Weg aus verschiedenen Fetten wie Talg, Schweinefett, Glyzerin und Soja- oder Palmöl hergestellt wird. Die Margarinesorten der Reformhäuser bestehen in der Regel aus kaltgepreßtem Sonnenblumenöl und sind frei von Zusätzen und Chemikalien. Mitunter wird auch der Konsistenz wegen kaltgepreßtes Kokosfett verwendet, das zu den gesättigten Fetten gehört, von denen man trotz allem glaubt, daß sie weniger schädlich sind als die *gehärteten Öle,* die in der gewöhnlichen Tafelmargarine enthalten sind.

Flüssige Margarine unterscheidet sich von Öl nur durch einen geringen Zusatz von Lezithin, wodurch man die Brattemperatur leichter kontrollieren kann.

Butter

Im Gegensatz zur Margarine ist Butter ein reines Naturprodukt, das weder eine Härtung noch eine Raffination erfahren hat und dem auch keine unnatürlichen Stoffe zugesetzt wurden. Aber die Butter besteht zum größten Teil aus gesättigtem Fett, sie enthält nur zu 3% essentielle Linolsäure gegenüber rund 60% beim Sonnenblumenöl. Will man auf Butter nicht verzichten, kann man selbst eine Mischung zubereiten. Man nehme 100 g zimmerwarme Butter und mische sie nach und nach mit ½ dl Sonnenblumenöl. Man erhält dann eine Mischung mit einem Linolsäuregehalt von rund 20%; gewöhnliche Tafelmargarinen enthalten zwischen 10 und 15%. Die Mischung, die ziemlich weich ist, erstarrt im Kühlschrank nach einer Weile zu einer ausreichend streichfähigen Masse. So vermeidet man die hydrierten Fette, Farben, Geschmacksstoffe und Konservierungszusätze.
Will man in einem Backrezept beispielsweise 100 g Butter oder Margarine durch Öl ersetzen, kann man ungefähr ¾ dl Öl und ¼ dl Wasser nehmen. Hat man irgendeinen Belag auf dem Brot, kann man gut und gerne Butter oder Margarine weglassen. Beispielsweise kann Quark, abgeschmeckt mit Schnittlauch oder Kräutergewürzen, oder eine Art Bohnenpaste oder Tahin, mit etwas Flüssigkeit angerührt, evtl. mit Miso abgeschmeckt, sowohl Butter wie Käse auf dem Brot ersetzen.

Alternativen zum Fett

Sonnenblumenkerne haben einen sehr hohen Gehalt an den Vitaminen E und B sowie an Eisen. Außerdem enthalten sie mehrfach ungesättigtes Fett in seiner gesündesten Form, d.h. in seinem natürlichen Zusammenhang. Man kann sie gut z.B. bei Salaten anstelle von Öl nehmen, als Frühstücksgericht oder als Nachtisch, in Backwerk oder auf das Essen gestreut. Im Mixer püriert und mit Wasser verdünnt, können sie als Brotbelag verwendet werden oder das Salatdressing ersetzen.
Leicht geröstet sind sie ein feines »Naschwerk«.
Auch Mandeln und Nüsse können auf die gleiche Art genutzt werden. In der makrobiotischen Nahrungslehre werden alle Arten von Fett als stark Yin bezeichnet. Sie sollten deshalb aus Gründen der Ausgewogenheit nur in ganz geringen Mengen verwendet werden. Ferner sollte man mit allen Konzentraten, die nicht in der Natur vorkommen, vorsichtig sein, auch was die stark mehrfach ungesättigten Öle betrifft.

Zucker und Süßstoffe

Von durchschnittlich 20 kg pro Person und Jahr zu Anfang unseres Jahrhunderts ist der Zuckerverbrauch heute auf über das Doppelte angestiegen. Gleichzeitig haben Karies und eine Reihe sogenannter Zivilisationskrankheiten in gleichem Umfang zugenommen. Wer gesund leben will, muß ernsthaft seinen Zuckerverbrauch überdenken.

Zucker ist der genaue Gegensatz

zur Reformkost. Es gibt fast nichts, was unsere Gesundheit und Vitalität so sehr stört wie gerade Zucker. Raffinierter Zucker, d.h. chemisch rein isolierter Zucker, ist ein Krankheiten herbeiführender Faktor. Er ist kein Nahrungs-, sondern ein Genuß- und Konservierungsmittel oder, nach Professor Kollath, ein »Präparat«. Zwischen weißem und braunem Zucker gibt es keinen wesentlichen Unterschied. Genaue Untersuchungen haben bewiesen, daß der Gehalt an Vitaminen und Vitalstoffen in braunem Zucker so gering ist, daß er praktisch bedeutungslos bleibt. Auch »Traubenzucker« ist ein hart raffiniertes Produkt, das niemals auch nur in der Nähe einer Weintraube war. Er wird auf chemischem Weg aus Maisstärke hergestellt.

Alle Arten von Zucker sind, um die makrobiotische Bezeichnung zu gebrauchen, extrem Yin. Die chemischen Süßstoffe aber sind hundertemal mehr Yin als Zucker. Sie sind deshalb ein schlechter Rettungsanker.

Sprechen verschiedene Menschen von Zucker, so meinen sie nicht immer das gleiche. Das bringt einige Verwirrung mit sich. Die Chemiker verwenden die Bezeichnung Zucker für eine Reihe von Stoffen, die gleiche Eigenschaften haben. Aber man muß zwischen den Zuckerarten unterscheiden, die es in ihrem *natürlichen* Zusammenhang in bestimmten Lebensmitteln gibt, und dem raffinierten Industriezucker. Die physiologischen Wirkungen sind nicht identisch.

Viele der Nahrungsmittel, die wir zu uns nehmen, werden früher oder später in Glukose, eine Zuckerart, umgewandelt; einer der wichtigsten Stoffe unter denen, die der Körper verbrennt, um Energie zu gewinnen. Spricht man von Blutzucker, bezieht sich das auf Glukose. Unser Körper braucht Zucker – er ist ja darauf eingerichtet, Stärke in Zukker umzuwandeln – *aber er benötigt keinen Industriezucker.*

Die verschiedenen Zuckerarten, die in den natürlichen Lebensmitteln enthalten sind, kommen dort zusammen mit den Vitalstoffen vor, die für die Umwandlung notwendig sind. Bei der Herstellung von Industriezucker werden diese Vitalstoffe aus ihren natürlichen Bindungen gelöst und zerstört. Übrig bleibt lediglich der weiße Zucker, völlig arm an allen Vitaminen, Mineralstoffen und Spurenelementen.

Um den Zucker umzuwandeln, benötigt der Körper die Vitamine B, besonders das Vitamin B_1, sowie Kalk und andere Mineralstoffe, an denen es bei der »Normalkost« leicht mangelt. Man zehrt also, wenn man Zucker ißt, an den Vitamin- und Mineralreserven des Körpers.

Wie wichtig die Vitamine B auch für die Gesundheit der Nerven sind, geht aus einer amerikanischen Untersuchung hervor, die an 1500 nervenkranken Patienten vorgenommen wurde. Die Patienten bekamen eine gut zusammengesetzte Kost, außer was den Gehalt an Vitamin B_1 betraf. Nach einigen Wochen traten bei sämtlichen Patienten psychische Störungen auf, die jedoch nach Zufuhr von Vitamin B_1 aufhörten. Der Tagesbedarf an B_1 kann nicht nur durch Weißbrot und

Produkte aus weißem Mehl befriedigt werden. Die beste Quelle sind Vollkornprodukte.
Vitamin B_1 (Thyamin) ist für den Kohlehydratumsatz unentbehrlich. Auch die Salzsäureproduktion im Magen hängt mit dem Vitamin B_1 zusammen. Mangel an B_1 führt zu Störungen im Magen und Darmkanal.
Die Folgen mangelhafter Ernährung mit weißem Mehl und raffiniertem Zucker zeigen sich erst nach mehreren Jahren. Verminderte Immunität (man erkältet sich leichter), Karies, Übergewicht, chronische Verstopfung, Hämorrhoiden, Krampfadern, Darmkrebs, Arterienverkalkung und Diabetes gehören in unserer zivilisierten Welt zur Tagesordnung.
Die Behauptung, Zucker gebe Energie, ist eine Laboratoriumsweisheit, die sich nicht auf den menschlichen Organismus übertragen läßt. Die Energie, die im Labor bei hohen Temperaturen aus Zukker freigesetzt werden kann, muß im lebenden Organismus mit Hilfe von Enzymen freigemacht werden, die ihrerseits von dem Zusammenspiel mit bestimmten Vitaminen und Mineralstoffen abhängig sind. Da aber raffinierte Kohlehydrate (wie weißes Mehl und Industriezukker) nicht die Mineralstoffe enthalten, die von Natur aus im Rohstoff eingebettet sind, müssen diese, wie schon erwähnt, statt dessen den eigenen Reserven des Körpers entnommen werden, der so nach und nach dieser wichtigen Stoffe beraubt wird. Die gewonnene Energie müssen wir u.a. in Form kaputter Zähne teuer bezahlen. Der Zustand der Zähne ist ein Gradmesser des Gesundheitszustandes des Körpers, und Karies kann deshalb als Symptom dafür angesehen werden, daß der ganze Körper geschädigt ist.
Parallel mit der raschen Zunahme des Zahnverfalls läßt sich auch ein alarmierender Anstieg anderer Krankheiten beobachten, bei deren Auftreten Zucker und Produkte aus weißem Mehl eine große Rolle spielen. Zu diesen Krankheiten gehören Stoffwechselstörungen, Zukkerkrankheit, Rheumatismus, Verstopfung, Herz- und Gefäßkrankheiten, Kreislaufstörungen und eine Reihe verschiedener Störungen im Magen, Darm, der Leber und Galle, um nur einige Beispiele zu nennen.
Der Internist Dr. med. Bruker sagt in seinem Buch »Krank durch Zukker«, daß erhöhte Blutfettwerte (Cholesterin und Triglyceride) nicht den zugeführten Mengen an tierischem Fett in der Kost entsprechen, wie man nach der »Fett-Theorie« bislang annahm. Auch unter Ausschluß von derartigem Fett können hohe Blutfettwerte vorkommen. Cholesterin im Körper kommt demnach nicht nur von dem mit dem Essen zugeführten Fett, vielmehr ist der Körper selbst imstande, Cholesterin zu produzieren.
Gestützt auf wissenschaftliche Untersuchungen ist man inzwischen der Ansicht, daß raffinierte Kohlehydrate bei der Entstehung von Arteriosklerose und Herzinfarkt eine ausschlaggebende Rolle spielen. Professor J. Yudkin, London, hat bei umfassenden Untersuchungen an Männern im Alter von 45 Jahren herausgefunden, daß der hohe Verbrauch an Industriezucker in weit

größerem Maß für die Zunahme von Herzinfarkten verantwortlich ist als eine fettreiche Kost.
Es spricht viel dafür, daß Zucker in Verbindung mit einer faserstoffarmen Kost eine große Rolle bei der Entstehung gewisser Arten von Krebs spielt. Der Zusammenhang zwischen Zucker und schlechter Haut (Akne) ist wohlbekannt. Zukker kann auch ebenso schädlich auf die Leber wirken wie Alkohol (er verursacht Leberverfettung). Aus guten Gründen wird angenommen, daß auch die Säure-Base-Balance des Körpers durch Zucker in negativer Richtung beeinflußt wird.

Zucker bewirkt, daß man Vollkornkost nicht verträgt.

Durch jahrelange schlechte Essensgewohnheiten kann ein Vitamin-B-Mangel mit begleitenden Verdauungsstörungen entstehen. Stellt man dann auf eine natürliche, vitaminreiche Kost um, kann es geschehen, daß man diese Vollwertkost nur schlecht verträgt.
Dr. Bruker, der 15 Jahre lang dieses Problem untersucht hat, fand heraus, daß Zucker die ausschlaggebende Rolle spielt, wenn es sich um Schwierigkeiten handelt, Vollkornkost zu vertragen. Es ist deshalb wichtig, wie eine Kostumstellung durchgeführt wird, wenn sie erfolgreich sein soll. Hat man Verdauungsstörungen irgendwelcher Art, ist es notwendig, zuallererst raffinierten Industriezucker wegzulassen, nicht nur zu 99%, sondern zu 100%.
Nahrungsmittel mit natürlichem Zucker (getrocknete Früchte, Obst und Beeren) sind beispielsweise zugelassen, wenn sie in ihrem ursprünglichen Zusammenhang verwendet werden. Produkte aus weißem Mehl sollten aus der Kost ausgeschlossen werden, ganz besonders in Verbindung mit Zucker (Backwaren verschiedener Art).

Womit soll man süßen?

Vor allen Dingen soll man versuchen, sich Süßigkeiten und stark gesüßte Gerichte abzugewöhnen. Die Lust auf Süßigkeiten ist wirklich eine Frage der Gewohnheit. Selbst wenn man sich voll gesund fühlt, muß die Zahl der süßen Gerichte auf ein Minimum eingeschränkt werden. Wünscht man ganz vereinzelt, bei festlichen Gelegenheiten, etwas Süßes, dann gibt es eine Reihe von Alternativen zum Zucker. Man soll sich aber nicht verleiten lassen zu glauben, man könne einen hohen Verbrauch an Süßem beibehalten, wenn man nur den Zucker gegen beispielsweise Honig oder andere »nützlichere« Süßstoffe austauscht. Es ist nicht nur die Qualität, auf die es ankommt, sondern auch die Quantität. Wir müssen uns daran erinnern, daß große Mengen an Süßem, welcher Art auch immer, die Ausgewogenheit und den Stoffwechsel des Körpers stören und ihn leicht übersäuern.

Zu den natürlichen Süßstoffen, die nicht als Mineralräuber auftreten, gehören alle Arten von *getrockneten Früchten* (Rosinen, Datteln, Aprikosen, Pflaumen, Feigen usw.), die zu Backwerk und vielem anderen verwendet werden können.

Es gibt einen *unraffinierten Zuckerrübensirup,* der inzwischen von verschiedenen Firmen angeboten wird; er wird schonend von biologisch angebauten Zuckerrüben hergestellt und ist ein mineralreicher und wohlschmeckender Süßstoff, den man vielseitig verwenden kann (z. B. zu guten Weihnachtspfefferkuchen – siehe Rezept auf S. 158). Hat man Zeit und Lust, soll man Sirup selbst herstellen können, doch haben wir es nicht versucht. In einer Mühle zerreibt man Zuckerrüben oder Mohrrüben, kocht sie mit etwas Wasser auf und preßt den Saft gut aus (oder schleudert ihn direkt in einer Zentrifuge aus). Unter ständigem (!) Umrühren kocht man den Saft etwa 24 Stunden, bis er zu einer dicken Masse zusammengekocht ist. Man muß besonders zuletzt darauf achten, daß er nicht anbrennt. 10 l Saft ergeben etwa 1 kg Sirup.

Andere Süßstoffe sind *Malzextrakt* und *Ahornsirup.* Malzextrakt, der keinen so süßen Geschmack hat, wird aus gekeimter Gerste hergestellt, also ohne Mitwirkung von Bienen und mitunter als der »eigene Honig« des Pflanzenreichs bezeichnet (gut für Sesamsirupbonbons geeignet).

Honig ist ein natürlicher und gesunder Süßstoff. Er enthält vor allem den Fruchtzucker des Nektars sowie Enzyme und einen Teil Mineralstoffe, Vitamine und Eiweißstoffe. Aber auch die Verwendung von Honig soll nicht übertrieben werden. Große Mengen auf einmal können der Anlaß zu Gärungsprozessen sein.

Richtet man säuerliche Früchte an, so kann man sie oft mit einer Prise Meersalz »süßen« (ungefähr ½ Teel./kg Frucht). Man wandelt damit die Säure in der Frucht um, und sie schmeckt süßer, obwohl kein Zucker zugesetzt worden ist. In früheren Zeiten hat man das oft gemacht, damals aber aus Gründen der Sparsamkeit (Zucker war so teuer, daß man ihn sogar einschloß).

Preiselbeeren kann man tatsächlich völlig ohne Zucker kochen, mit Äpfeln oder Rosinen und einer Prise Meersalz (siehe Rezept S. 137).
Hat man sich die stark gesüßten Gerichte abgewöhnt, so entdeckt man manchen Geschmack, den man früher nicht bemerkt hat. (Die gleiche Entdeckung, die ein Raucher macht, der aufgehört hat zu rauchen.) Zucker verdirbt den Geschmack und macht den Gaumen unempfindlich. Man kann seine Geschmacksnerven so umstellen, daß die üblichen süßen Kuchen *unausstehlich* süß schmecken, falls man nach einiger Zeit wieder auf sie zurückkommt.
Man sollte daran denken, daß es auf dem Weg zu guter gesundheitlicher Ausgeglichenheit von größter Bedeutung ist, bei den beiden gefährlichen Zwillingen, weißem Mehl und raffiniertem Industriezucker, aufzupassen.

Vitalstoffe

Zu den Vitalstoffen zählt man eine Reihe verschiedener Stoffe, wie *Vitamine, Mineralstoffe, Spurenelemente* und *Enzyme* nebst den *natürlichen Geschmacksstoffen.* Damit der Körper die Hauptnahrungsstoffe Eiweiß, Fett und Kohlehydrate richtig verwerten kann, muß die Nahrung ausreichend Vitalstoffe enthalten.

Die Vitamine wirken im Körper in komplizierten chemischen Reaktionen zusammen. Das endgültige Ergebnis einer vollständigen Verbrennung ergibt Kohlendioxid, Wasser und Energie. Der Prozeß erfordert Enzyme, die immer an Vitamine gebunden sind und ihrerseits Mineralstoffe benötigen, die nicht austauschbar sind. Geht die Verbrennung »schief«, ergibt sich ein Säureüberschuß.

Eine Kost, die auf unraffinierten und vollwertigen Lebensmitteln aufbaut, befriedigt den Bedarf an diesen Vitalstoffen, was die heutige »Normalkost« nicht tut. Der Mangel an Vitalstoffen auf Grund der schlechten Essensgewohnheiten bringt auf Dauer umfassende Gesundheitsschäden mit sich. Die ständige Zunahme der Zivilisationskrankheiten ist ein deutlicher Beweis dafür.

Die Grundlage einer gesunden Ernährung ist das unraffinierte Getreide mit all seinen Bestandteilen – die Ganzheit im richtigen Verhältnis – nebst Gemüse, Hülsenfrüchten, Obst und Beeren. Für denjenigen, der es möchte, auch Milch und Milchprodukte in mäßigen Mengen, am besten in Form von saurer Milch und Quark. Entscheidend für die Qualität der Nahrungsmittel ist natürlich auch die Form des Anbaus, der naturgemäß sein sollte, biologisch oder am besten biodynamisch.

Eine vollwertige Kost ist nicht von Vitamintabletten oder synthetischen Präparaten abhängig. Die isolierten Vitamine sind sehr stark Yin. Deshalb ist es besser, natürliche, vitaminreiche Nahrung anstelle von Vitaminpräparaten verschiedener Art zu sich zu nehmen – auch wenn diese speziell bei schweren Mangelsituationen vorübergehend helfen können.

Man braucht nicht zu befürchten, daß bei der Zubereitung von warmem Essen ein größerer Teil der Vitamine zerstört wird. Am ehesten ist Vitamin C empfindlich – doch nicht so sehr gegenüber der Wärme selbst, sondern gegenüber dem unter der Wärmeentwicklung zugeführten Sauerstoff aus der Luft.

Die Vitamine

Die Vitamine werden in zwei Gruppen eingeteilt:
Fettlösliche Vitamine (A, D, E, K) und *wasserlösliche* Vitamine (die Vitamine der B-Gruppe und das Vitamin C). Die fettlöslichen Vitamine können im Gegensatz zu den wasserlöslichen im Körper gelagert werden und erfordern, ebenso wie das Fett, Galle, um in der Darmschleimhaut absorbiert werden zu können. Die Verluste bei der Essenszubereitung sind verhältnismäßig gering. Vitamin-A- und -D-Präparate können, wenn sie überdosiert werden, Vergiftungserscheinungen verursachen.
Die wasserlöslichen Vitamine können nicht in größerem Umfang im Körper gelagert werden und müssen deshalb regelmäßig zugeführt werden. Sie werden leichter vom Körper absorbiert als die fettlöslichen. Sind die Gewebe gesättigt, geht der Überschuß mit dem Urin ab. Wasserlösliche Vitamine sind nicht so stabil wie die fettlöslichen. Sie werden durch längeres Kochen ebenso zerstört, wie wenn sie Licht und Luft ausgesetzt sind.

Vitamin A

Dieses Vitamin kommt in der Nahrung in zwei Hauptformen vor – entweder in tierischen Nahrungsmitteln als fertiggebildetes Vitamin A (Retinol) oder in Pflanzen als ein *Vorstadium,* als Provitamin. Dieses Provitamin heißt *Karotin* und ist ein gelbroter Farbstoff, der im grünen Gemüse durch das Chlorophyll verdeckt wird. Karotin wird im Körper in Retinol umgewandelt.
Vitamin A wird u. a. benötigt beim Wachstum, für das Sehen (wirkt der Nachtblindheit entgegen), für die Haut und die Widerstandskraft der Schleimhäute gegen Erkältungen. Schwerer Mangel kann zu Blindheit führen. Vitamin A verträgt keine Aufbewahrung in Licht und Luft und kann auch bei hoher Brattemperatur zerstört werden.
Vitamin A findet sich in Milch, Milchprodukten und Eiern. Karotinreiche Pflanzen sind: Mohrrüben, Paprika, Hagebutten, Aprikosen, Nesseln, Löwenzahnblätter, Grünkohl und andere grüne Gemüse. Die Resorption wird wesentlich besser, wenn karotinhaltige Lebensmittel mit Fett zubereitet werden, da Karotin fettlöslich ist.

Vitamin D

Vitamin D, auch »Sonnenscheinvitamin« genannt, ist notwendig, damit der Darm Kalzium und Phosphor aufnehmen kann. Besonders groß ist der Bedarf in den Wachstumsjahren. Vitamin D ist wichtig für den Aufbau der Zähne und des Knochengerüstes. Ein Mangel verursacht bei Kindern Rachitis, eine Krankheit mit schweren Skelettveränderungen – und bei den Älteren Knochenporosität.
Vitamin D ist in Milch und Milchprodukten, Eigelb und Fischleberöl enthalten. Verschiedene Typen des **Provitamins** kommen reichlich in Trockenhefe (Nährhefe) und Pflanzen vor, z. B. in Pilzen und in gewissen grünen Blättern.
In der Haut gibt es einen Stoff, der durch die ultravioletten Strahlen der Sonne in Vitamin D umgewandelt wird. In sonnenreichen Som-

mern kann Vitamin D im Körper gelagert werden.

Vitamin E

Der Name dieses Vitamins ist Tocopherol (Fruchtbarkeitsöl), da man herausgefunden hat, daß Mangel an Vitamin E bei vielen Tieren die Fortpflanzung hemmt. Vitamin E löst Blutgerinnsel auf und wirkt ihrer Entstehung entgegen. Es verbessert den Kreislauf, wirkt günstig auf Herz und Lunge ein und bildet einen wichtigen Schutz gegen Luftverunreinigungen. Vitamin E wirkt außerdem als Antioxidans, es verhindert das Ranzigwerden von Fetten und Ölen. Enthält die Kost viele mehrfach ungesättigte Fette, nimmt der Bedarf des Körpers an Vitamin E zu.

Die besten Quellen für Vitamin E sind frische Vollkornprodukte, Weizenkeime und viele pflanzliche Öle, unter der Voraussetzung, daß sie schonend hergestellt worden sind. Auch gegenüber längerer Tiefkühlung ist Vitamin E empfindlich.

Geringere Mengen an Vitamin E finden sich auch in grünem Blattgemüse, Bohnen, Erbsen, Butter und Eiern.

Vitamin K

Vitamin K ist für die Koagulation des Blutes notwendig. Es ist in verschiedenen Nahrungsmitteln enthalten, wie z. B. grünen Blättern, Mais, Tomaten, Erdbeeren, Kartoffeln, Kleie, Keimen und Eiern. Hauptsächlich wird es jedoch im Dickdarm von den nützlichen Organismen gebildet, die man **Darmflora** nennt.

Vitamin B

Die Vitamine B bestehen aus einer ganzen Gruppe von 11 bisher anerkannten Stoffen. B_1 (Thiamin), B_2 (Riboflavin), B_5 (Niacinamid), B_6 (Pyridoxin), B_{12} und Biotin, Cholin, Folsäure, Inositol, Pantothensäure und Paraaminobenzoesäure. Andere Vitamine, die in späteren Jahren analysiert wurden, sind B_{13} (Orotsäure), B_{14}, B_{15} (Pangamsäure), B_{16} und B_{17}.

Die drei Vitamine B, mit denen das weiße Mehl »angereichert« wird, sind Thiamin, Riboflavin und Niacinamid, die alle billig herstellbar sind. Thiamin, das in alkalischem Milieu empfindlich ist, wird zum größten Teil durch Backpulver zerstört. Auch das Tiefgefrieren von Brot vermindert den Gehalt an bestimmten Vitaminen B.

Mangel an Vitamin B kann die Ursache von Müdigkeit, Depressionen, Nervenbeschwerden, Augenbeschwerden, Hautveränderungen und Schwächezuständen sein. Zu Anfang können die Symptome des Mangels an den verschiedenen Vitaminen B gleich sein.

In den natürlichen Nahrungsmitteln wie Vollkorn, Nüssen und Keimlingen, Hülsenfrüchten, Milch und Milchprodukten sind viele Vitamine B enthalten. B_{12} findet sich in Milchsäuerungsprodukten (Sauerkraut usw.) und in Keimlingen.

B_1 (Thiamin). Wird für den normalen Kohlehydratumsatz benötigt. Ein geringer Mangel verursacht schlechte Verdauung, Müdigkeit und Depressionen, stärkere Mängel haben Herzfehler zur Folge und wirken auf das zentrale Nervensystem ein. Die ernsteste Mangelkrankheit ist Beriberi, die zum Tod führen kann.

B_1 findet sich in Vollkorn, Nüssen, Hülsenfrüchten, Nährhefe, Milch und Eiern.

B_2 (Riboflavin). Mangel an B_2 äußert sich in aufgesprungenen Lippen, Augenentzündungen (Überempfindlichkeit gegen Licht), Haarausfall, Anämie und verminderter Vitalität.

B_2 ist wärmestabil, es kommt vor in Vollkorn, Nährhefe, grünen Blättern, Hülsenfrüchten sowie Milch und Milchprodukten (besonders Molkenkäse und Molke).

B_5 (Niacinamid). Leichter Mangel bringt Depressionen, Kopfschmerzen, Schlaflosigkeit, Müdigkeit usw. mit sich. Ein extremer Mangel hat die tödliche Krankheit Pellagra zur Folge, die in den Ländern verbreitet ist, in denen man sich überwiegend von Mais ernährt. Mais ist u. a. arm an Tryptophan, einer essentiellen Aminosäure, die im Körper in Nikotinsäure (Niacinamid) umgewandelt wird.

B_5 kommt in Weizenkleie, Vollkorn, Nährhefe und in geringeren Mengen in Hülsenfrüchten vor. Milch, reich an Tryptophan, ist indirekt eine gute Quelle für Niacinamid. Die Verluste bei der Essenszubereitung sind gering.

B_6 (Pyridoxin). Wird für die Blutbildung, die Funktionen des Gehirns, der Nerven und des Herzens benötigt. B_6 ist wärmeempfindlich. Pyridoxinmangel ist die Ursache von Krämpfen bei Säuglingen. Man glaubt, dies rühre daher, daß das Kind ausschließlich mit durch Wärme sterilisierte Milch aufgezogen wird, wobei die Vitamine zerstört werden.

B_6 kommt in Vollkorn, Nüssen, Hefe, Gemüse, Bananen, Kartoffeln, Eigelb und Milch vor.

Biotin (H). Mangel an Biotin äußert sich in Muskelschmerzen, entzündeter Haut sowie Müdigkeit und Depressionen. Die Nahrungsmittel, welche die übrigen Vitamine der B-Gruppe reichlich liefern, versorgen uns auch mit Biotin, besonders reichlich aber findet es sich in Eigelb, Hefe und Milch. Im rohen Eiweiß gibt es einen Stoff (Avidin), der das Biotin »verschließt«, so daß es nicht verwertet werden kann.

Pantothensäure. Gut für Nerven und Darmfunktion, für Haut und Haare. Kommt in Leber, Eiern und Milch, Hefe, Sojabohnen, unbehandeltem Reis, Vollkorn und grünen Blättern vor.

Folsäure. Ist das wärmeempfindlichste Vitamin der B-Gruppe. Findet sich in Hefe und frischem grünem Gemüse. Wirkt Anämie und Störungen der Darmfunktion entgegen.

Cholin. Wird zu den leberschützenden Substanzen gerechnet. Es verbindet sich leicht mit giftigen Stoffen und wirkt so entgiftend. Wird in Sauerkraut, Sojabohnen und anderen Hülsenfrüchten sowie in Eigelb vorgefunden.

Inosit. Spielt eine wichtige Rolle für den Fettumsatz, die Muskelfunktionen und das Haar. Kommt in Erbsen, Bohnen, Hefe, Zwiebeln, Melonen und Eiern vor.

PB (Paraaminobenzoesäure). Notwendig für die Darmfunktion nach Antibiotikakuren. Findet sich in Getreide und Hefe.

B_{12}. Mangel verursacht perniziöse Anämie. Kommt in Eiern, Milch, Milchprodukten, Algen, Sauerkraut und Keimen vor.

Vitamin C (Ascorbinsäure)

Vitamin C wird zu einer verbesserten Bildung von Antikörpern, zur Wundheilung und zur Vorbeugung gegen Infektionen benötigt; außerdem, um das Eisen im Essen auszunutzen. Im Unterschied zu den Menschen können die meisten Tierarten, außer dem Meerschweinchen und den Affen, selbst im Körper Ascorbinsäure bilden. Mangelsymptome sind Müdigkeit, Kopfschmerz, geschwollenes und blutendes Zahnfleisch. Schwerer Mangel verursacht Skorbut. Bei fieberhaften Erkrankungen steigt der Bedarf an Vitamin C an.

Vitamin C befindet sich in frischem Gemüse, Früchten und Beeren verschiedener Art, z.B. in Grünkohl, Paprika, schwarzen Johannisbeeren, Hagebutten, Zitrusfrüchten, Löwenzahnblättern, Brennesseln, aber auch in Sauerkraut.

Gegen Wärme und Sauerstoff ist Vitamin C empfindlich (bei höheren Temperaturen oxidiert es schneller). Bei der Essenszubereitung betragen die Verluste 30–40% (bei Blattgrün 50 bis 70%), ein weiterer Teil geht bei der Warmhaltung verloren. Man sollte deshalb täglich immer irgendeinen frischen Rohkostsalat essen und die Rohkost vor dem Sauerstoff der Luft schützen. Sie soll unmittelbar nach dem Anrichten gegessen, andernfalls kühl und so kurz wie möglich aufbewahrt werden. Ein Dressing oder etwas Zitronensaft an der Rohkost bewahrt das Vitamin C vor schnellem Verfall.
Kocht man Gemüse, so sollte es in kochendes Wasser gelegt oder in Dampf gekocht werden. Kochen Sie immer mit geschlossenem Deckel und verwerten Sie auch das Kochwasser.
Auch während der Lagerung geht Vitamin C verloren. Lagern Sie Vitamin-C-reiche Nahrungsmittel dunkel und kühl. Welke und gelbe Blattgemüse haben ihren Vitamingehalt weitgehend verloren.

Mineralien und Spurenstoffe

Die meisten Menschen sind sich heute ziemlich im klaren darüber, wie wichtig Vitamine in der Kost sind, aber sie wissen vielleicht nicht genügend, daß es mindestens genauso wichtig ist, den Bedarf an Mineralstoffen zu decken. Dieser Bedarf ist wegen der zunehmenden Verarmung der Böden auf Grund der modernen Landwirtschaft oft schwer zu befriedigen.
Die Ausgewogenheit an Mineralien ist für Gesundheit und Wohlbefinden unerhört wichtig. Ob Allesesser oder Vegetarier, wichtig ist, daß die Nahrung im Hinblick auf Mineralstoffe, Spurenelemente und Mikrospurenstoffe vollwertig ist.
Die Mineralstoffe können im Körper nicht gebildet, sie müssen ihm mit der Nahrung zugeführt werden. Sie sind deswegen als Nährstoffe *essentiell* (unentbehrlich).
Ein Teil von ihnen wird nur in äußerst geringen Mengen benötigt. Diese werden *Spurenelemente* genannt. Sie kommen in so kleinen Mengen vor, daß sie nicht meßbar sind.
Man glaubt, daß die Forschung im Hinblick auf die Spurenelemente heute vor der gleichen Situation steht wie vor rund 40 Jahren bezüglich der Vitamine. Man weiß, daß sie mit der Nahrung zugeführt werden müssen, aber man weiß häufig nicht, wozu und in welchen Mengen. Mangelzustände sind nicht ungewöhnlich, auch wenn der tägliche Bedarf klein ist (bei zu hohen Dosierungen kann jedoch eine Giftwirkung entstehen).
Die Mineralstoffe, die im Körper in

größeren Mengen vorkommen, sind:

Kalzium (Ca)
Phosphor (P)
Kalium (K)
Natrium (Na)
Schwefel (S)
Chlor (Cl)
Magnesium (Mg)

Kalzium, Phosphor und Magnesium kommen im Skelett vor, Kalium, Natrium und Chlor vorwiegend in den Körperflüssigkeiten.

Kalzium macht etwa 1,5 bis 2% des Körpergewichts aus. Es kommt reichlich in Sesamsamen, Meeresalgen, Milch, Käse, Grünkohl und Blattgemüse vor.

Phosphor findet sich fast überall, so daß das Risiko eines Mangels gering ist.

Wir benötigen außerdem:

Eisen (Fe)
Zink (Zn)
Kupfer (Cu)
Jod (J)
Mangan (Mn)
Fluor (F)
Kobalt (Co)
Molybdän (Mo)
Chrom (Cr)
Selen (Se)

Einige Forscher nehmen an, daß wir insgesamt 84 Mineralstoffe benötigen, d.h. alle *nicht-radioaktiven Grundstoffe,* die es auf der Erde gibt.

Außer den oben genannten 17 Stoffen werden also weitere 67 gebraucht.

Wichtig ist die richtige Ausgewogenheit der Minerale

Aus der makrobiotischen Sicht sind die Grundstoffe mit ausdehnender Wirkung *Yin* (z.B. Kalium, Stickstoff, Sauerstoff, Phosphor). Sie bewirken Zunahme und Masse, d.h., *daß* der Körper wächst und Energie aufnimmt.

Die *Yang-Grundstoffe* mit der zusammenziehenden Wirkung bestimmen dagegen, *wie* der Körper wachsen soll, *wie* die Gewebe erneuert werden. Sie haben eine steuernde und arbeitsleitende Funktion. Sie wirken beim Stoffwechsel wie Katalysatoren. Ohne die steuernden organisatorischen Spurenstoffe gäbe es ein wildes und planloses Wachstum, nur eine Anhäufung von Nährstoffen.

Krebszellen sind ein typisches Beispiel fehlender Steuerungskräfte; es findet ständig ein ungehemmtes Zellwachstum statt, und in dem Zellstaat herrscht völlige Unordnung.

Beispiele von Grundstoffen mit Yang-Charakter sind Natrium, Kohlenstoff, Magnesium, Lithium und Arsen. Arsen ist ein Stoff, der in großen Dosen sehr giftig, als Spur aber notwendig ist. Arsen kommt z.B. in Knoblauch vor.

Die übrigen wichtigen Mineralstoffe (Kalzium, Eisen, Mangan usw.) haben eine mehr oder weniger ausgeprägte Wirkung.

In einem menschlichen Körper, der im Gleichgewicht ist, kommen Natrium und Kalium ungefähr im Verhältnis 1:5 vor. Auf fünf Teile Kalium, das Yin ist, kommt ein Teil Natrium, d.h. Yang, genau wie im

Getreide, der Nahrung, die für uns am ausgewogensten ist.
Kalium finden wir in der Flüssigkeit in den Zellen (interzellular) und Natrium in der Körperflüssigkeit zwischen den Zellen (extrazellular). Die Ausgewogenheit zwischen Natrium und Kalium hat große Bedeutung für die Nervenimpulse und das Reaktionsvermögen. Die 84 verschiedenen Grundstoffe sind lebensnotwendig und steuern sich gegenseitig, genau wie Natrium und Kalium. Man kann nicht einen einzigen Stoff völlig weglassen, ohne daß dies katastrophale Folgen für uns hätte. Eine giftige Wirkung entsteht nur dann, wenn die Grundstoffe in zu starker Konzentration vorkommen. »Die Quantität verändert die Qualität« sagt Oshawa.
Störungen im Mineralgleichgewicht des Körpers können sich in ständigem Hunger- und Durstgefühl äußern oder in dauerndem Appetit auf z.B. Süßigkeiten, Tabak, Alkohol oder sogar Drogen. Verliert der Körper seinen natürlichen Instinkt, so ist man nicht mehr länger Herr im eigenen Haus.
Als Symbol für einen geschlossenen Organismus stellen wir uns einen Holzbottich vor, bei dem jedes Brett einem der 84 Grundstoffe entspricht. Ist das Gefäß ganz, so ist es bis an den Rand gefüllt. Haben wir ein kaputtes Brett, dann sinkt das Niveau. Mit anderen Worten, wir besitzen nicht unsere *volle* Gesundheit und Lebenskraft, auch wenn sich noch keine ernsthafte Krankheit gezeigt hat.
Haben wir mitten in dem Gefäß ein Loch, so daß wir ein ständiges Leck

dort haben, dann sinkt das Niveau bis dorthin, aber nicht nur bei dem kaputten Brett, sondern in dem ganzen Gefäß. Es nützt also nichts, daß die übrigen Bretter ganz sind. Mit anderen Worten, wenn wir bei einem einzigen Stoff im Körper ein *Defizit* haben, dann können wir den Mangel nicht mit einem *Überschuß* an anderen Stoffen ausgleichen. Dies ist ein ernst zu nehmender Zustand, der auf Grund von Fehlern in der Lebensführung eine schwere Krankheit nach sich ziehen kann. Alle Krankheiten, gleichgültig, wie wir sie nennen, haben zwei Grundursachen: genetische oder umweltbestimmte.
Würden wir ein Brett des Holzgefäßes vollständig wegnehmen (d.h. einen einzigen Stoff), dann können wir uns leicht vorstellen, was geschieht. Der ganze Inhalt, die Lebenskraft, rinnt aus, und wir hören auf zu existieren.
Deshalb ist es so wichtig, daß unsere Lebensmittel von Böden kommen, die sich in einem harmonischen Gleichgewicht befinden, daß sie richtig mit allen Spurenstoffen versorgt und nicht durch Kunst-

dünger erschöpft sind. Kunstdünger enthält im allgemeinen nur drei Stoffe, Stickstoff, Phosphor und Kalium (N, P, K), die alle eine starke Yin-Tendenz haben. Mitunter setzt man auch Schwefel, Mangan, Kupfer, Eisen und Kalk zu – zusammen acht Stoffe. Dadurch bekommen alle landwirtschaftlichen Produkte eine starke Yin-Tendenz. Das ergibt große, aufgeblasene Produkte, sicherlich schön anzusehen, aber mit schlechtem Nährwert und schlechter Lagerfähigkeit, also einen Überschuß an ausdehnenden, aber keine steuernden Kräfte.

Oft enthalten sie außerdem Giftreste verschiedener Art, da die stark getriebenen Produkte keine Widerstandskraft haben, sondern mit chemischen Bekämpfungsmitteln »geschützt« werden müssen. Wie sollen solche Produkte uns *ernähren* und bei guter Gesundheit halten können! Wir müssen deshalb in größtmöglichem Umfang versuchen, biologisch angebaute Produkte zu bekommen, falls wir sie nicht selbst anbauen können.

Wir sollten auch möglichst immer unraffinierte Nahrungsmittel, in denen die Ganzheit bewahrt wurde, verwenden und alle Arten von Industrieprodukten, soweit es geht, vermeiden.

Gute Lieferanten für Mineralien sind Gemüse von gesunden Böden, Hülsenfrüchte (besonders die stark eisenhaltigen Azukibohnen), Meeresalgen, die reich an Jod und Kalk sind, sowie die verschiedenen Getreidearten, die die Grundlage unserer Ernährung bilden sollten. Wir dürfen auch die spurenstoffreichen Wildkräuter nicht vergessen, die viel wertvoller als die angebauten Gemüse sind.

Eisenmangel

Eisenmangel ist eine der häufigsten Mangelkrankheiten, auch unter Vegetariern ist er ziemlich verbreitet. Wenn zuwenig Serumeisen vorhanden ist, dann bedeutet das, daß die Eisenvorräte völlig erschöpft sind. Der HB-Wert kann trotzdem gut sein, er ist nur die Spitze des Eisberges.

Die Mineralstoffe, die in der laktovegetarischen Kost beschränkt vorkommen können, sind Eisen, Zink und Selen, in der vegetarischen Kost auch Kalzium und Jod.

Tierisches Eisen ist proteingebunden und wird leichter aufgenommen. Vorräte an pflanzlichem Eisen sind auch von Vitamin C abhängig, da es die Eisenaufnahme aus dem Essen erleichtert.

Das Eisen, das bei verschiedenen »Anreicherungen« zugesetzt wird (z.B. bei Weizenmehl), ist dagegen *metallisches Eisen,* das der Körper nur schwer aufnehmen kann. Gewöhnlich werden 6,5 mg pro 100 g Lebensmittel zugesetzt, aber nur 10% davon werden aufgenommen. Der Tagesbedarf an Eisen beträgt für Frauen im gebärfähigen Alter 18 mg, für Männer und ältere Frauen 10 mg.

Ursachen des Eisenmangels sind:

- ☐ zu wenig Eisen im Essen
- ☐ schlechte Resorption (Aufnahme); das Eisen wird nicht verwertet. Hemmende Faktoren sind: schlechter Säurespiegel im Magen (hoher pH-Wert), geschwächte Dünndarmfunktion

□ große Blutverluste

Stimulierende Faktoren:

□ niedriger pH-Wert, ausreichende Magensäure (saures Milieu)
□ Vitamin C. Die Eisenaufnahme einer Vollkornmahlzeit wird *verdoppelt,* wenn man gleichzeitig etwas Vitamin-C-reiches zu sich nimmt, z. B. grünes Gemüse.

Besonders eisenhaltige pflanzliche Nahrungsmittel sind:
Sojabohnen
Azukibohnen
Linsen
Kichererbsen
Grünkohl
Brennesseln
Löwenzahnblätter
Gänsefuß
Petersilie
Brokkoli
(Hülsenfrüchte und grüne Blätter können für Vegetarier das Fleisch ersetzen).

Sehr eisenhaltig sind auch:
Hirse
getrocknete Früchte
Heidelbeeren
Erdbeeren
Hagebutten
Himbeeren
Getreide
Molkenprodukte

Maßnahmen bei Eisenmangel:

□ zu jeder Mahlzeit Vitamin C essen (s. S. 53), besonders zu Vollkornprodukten
□ echte Eisentöpfe verwenden (nicht die billigen aus legiertem Material). Das Essen lange in Eisentöpfen kochen, am besten unter Zusatz von etwas Saurem, und nur wenig Fett verwenden. Spaghettisoße z. B. enthält, in einem gewöhnlichen Topf gekocht, ca. 3,0 mg Eisen, aber in einem Eisentopf gekocht 87,5 mg!

Einzelne Mineralpräparate, wie z. B. Zinkpräparate usw., sollten nicht unnötigerweise genommen werden. Das Präparat kann die Ausgewogenheit zwischen den verschiedenen Spurenstoffen stören.

Meersalz

Verwendet man anstelle des weißen, raffinierten Kochsalzes Meersalz, so erhält man ebenfalls eine Reihe wichtiger Spurenstoffe. Gewöhnliches weißes Kochsalz besteht nur aus Natriumchlorid, manchmal mit einem Zusatz von Jod (drei Stoffe). Meersalz dagegen besteht nur zu vier Fünftel aus Natriumchlorid. Das ganze restliche Fünftel machen andere Salze aus, lebenswichtige Mineral- und Spurenstoffe, die der Körper braucht. Das Meerwasser hat die gleiche Kombination von Mineralstoffen wie unser Blut, wenn auch in höherer Konzentration. Der Salzgehalt des Blutes beträgt 1% – der des Meeres 4%. Zu Beginn betrug der Salzgehalt des Meeres 1%, er ist aber mit der Zeit gestiegen, weil die Erdkruste durch Regen und Tauwasser ausgewaschen wurde.
Leider kann es recht große Qualitätsunterschiede unter den verschiedenen Fabrikaten von Meersalz geben. Selbst die allergeringste Raffinade nimmt gerade die Mikrospurenstoffe weg, die wir so sehr brauchen. Das beste Salz ist das graue

Limasalz, das sich etwas feucht anfühlt. Die Feuchtigkeit deutet darauf hin, daß es noch Magnesium enthält, da Magnesium die Luftfeuchtigkeit anzieht und es schlechter streubar macht.

Unraffiniertes Meersalz enthält 11% Magnesiumchlorid, raffiniertes Kochsalz nur 0,008%. Magnesium ist der spezielle Mineralstoff des Gehirns, aber es beugt auch Krebs, Polio und Herzkrankheiten vor. Auch Meersalz sollte man in verständigen, geringen Mengen nützen und seine Salzzufuhr nicht übertreiben. Am besten sollte man 4 g pro Tag nicht überschreiten, Kinder und ältere Personen benötigen noch weniger. Säuglingen darf niemals Salz gegeben werden, weil ihr unterentwickeltes Nierensystem Schaden nehmen kann.

Eine gewisse Menge Salz benötigt der Körper u. a., damit im Magen Salzsäure gebildet werden kann. Bei Personen, die salzfrei leben, sind Verdauungsstörungen auf Grund von Magensäuremangel ein häufiges Leiden.

Bei bestimmten Krankheiten, z. B. hohem Blutdruck, Nierenleiden und rheumatischen Beschwerden, muß man mit Salz sehr vorsichtig sein, welche Sorte es auch ist, besonders wenn man früher sehr salzig gegessen hat.

Meersalz ist ein Feind der krankheitserregenden Bakterien, wirkt aber günstig auf die nützlichen (physiologischen) ein. Es wirkt desinfizierend und kann innerlich wie äußerlich angewandt werden. Eine 1%ige Salzlösung (etwa ein Eßlöffel auf ein Liter Wasser) kann zum Gurgeln, Augenbaden und zu allen Arten von Wundbehandlung benützt werden (brennt nicht). Die Wunde heilt schnell, ohne Narbenbildung und Komplikationen.

Keimlinge

Mit Keimlingen erhält man zur Rohkost auf billige und praktische Art frisches Gemüse, besonders im späten Winter und zeitigen Frühjahr, wenn die eingelegten Gemüse ihren Wert zu verlieren beginnen und wir sonst auf Importgemüse angewiesen wären. Es ist besser, zusätzlich zur ungespritzten Rohkost Keimlinge zu ziehen, als importierten Salat zu kaufen. Später im Frühjahr kann man eventuell die Speisekarte mit verschiedenen Wildkräutern erweitern, besonders mit Löwenzahnblättern.

Ann Wigmore ist wohl diejenige, die, wenigstens im Abendland, am meisten zur Erweiterung der Kenntnisse über Keimlinge und ihren gesundheitlichen Wert beigetragen hat. In den asiatischen Ländern hat man seit langem Bohnenkeime gekannt und verwendet. Ann Wigmore betreibt in Boston das »Gesundheitsinstitut Hippokrates«, welches teils Gesundheitslehrer

ausbildet, teils Gäste und kranke Menschen aufnimmt. Sie hat eine Reihe von Büchern über die heilenden Kräfte der Keime geschrieben. Ann Wigmore verfiel auf die Keimlinge, als sie sich selbst von einer schweren Krankheit heilte. Ein Eckpfeiler ihres Behandlungsprogramms ist ein Trank, den sie *Rejuvelac* (Verjüngungstrank) nennt und der ganz einfach Weizenwasser ist. Ein Teil Weizenkörner wird gewaschen und 24 Stunden in drei Teilen Wasser eingelegt, dann seiht man sie ab und trinkt das Wasser, z. B. als Morgentrank. Frisches Wasser wird zugegossen und die Prozedur mit den gleichen Weizenkörnern wiederholt. Man kann sie bis zu einer Woche verwenden, dann beginnt man mit einer neuen Portion. Der Geschmack des Tranks wird immer säuerlicher – es findet praktisch eine Art Milchsäuregärung statt. Natürlich ist es von größter Wichtigkeit, daß man biologisch angebauten Weizen hierfür verwendet.

Weizenkeime und Weizensprossen (Weizengras)

Gekeimter und gesprossener Weizen (Weizengras) hat sich, nach Ann Wigmore, bei der Behandlung verschiedener schwer heilbarer Krankheiten als sehr wirksam erwiesen. Man erhält gekeimten Weizen, indem man die Weizenkörner zuerst 12 Stunden einweicht. Dann seiht man das Wasser ab und breitet die Körner auf einem Teller aus, der bedeckt wird. Die Körner werden täglich 2- bis 3mal gespült. Der Weizen darf niemals austrocknen, aber auch nicht im Wasser stehen, da er dann säuert, anstatt zu keimen. Nach einigen Tagen, wenn die Keime sich zu zeigen beginnen, ißt man die ganzen Weizenkörner zum Müsli, als Salat oder als Nachtisch. Will man Weizensprossen (Weizengras) anbauen, werden die eingeweichten Weizenkörner statt dessen in einem Saatkasten, auf einem Tablett oder auf einem Kuchenblech in ein Bett aus feuchter Erde gelegt. Zuerst breitet man eine Schicht Moos oder Torfstreu aus, dann eine 2 cm dicke Erdschicht. Die Saat wird gleichmäßig verteilt und vorsichtig mit einer Gießkanne mit Brausekopf gewässert. Mit einigen feuchten Blatt Zeitung oder Papierhandtüchern und einem Stück schwarzen Plastik abdecken. Man läßt den Saatkasten einige Tage bei Zimmertemperatur stehen.

Wenn der Weizen zu wachsen beginnt – man kann sehen, wie die Papierabdeckung hochgehoben wird –, nimmt man Papier und Plastik weg und stellt den Kasten ins Helle. Man muß vorsichtig wässern, damit er nicht austrocknet, aber auch darauf achten, daß die Pflanzung nicht im Wasser steht.

Weizengras

Nach etwa einer Woche sind die Weizensprossen bis zu 10 cm hoch und kräftig grün. Sie werden so dicht wie möglich über der Erde abgeschnitten und fein gehackt an Essen, in Salate oder, wie Schnittlauch und Kresse, auf Butterbroten verwendet. Die Sprossen wachsen nach, so daß man gewöhnlich noch ein- oder zweimal ernten kann. Dann muß man die Kultur erneuern. Diese Sprossen haben eine stark regenerierende Wirkung auf den Körper. In Reformhäusern gibt es auch getrocknete Weizenkeimlinge zu kaufen.

Auf die gleiche Art kann man Sonnenblumensamen verwenden (ungeschälte, sogenanntes Vogelfutter, nicht die geschälten Sonnenblumenkerne, die man in Reformhäusern kauft).

Chlorophyllsaft

Bei der Behandlung von Krankheiten preßt man Weizensprossen in einer Mühle aus, doch erfordert das ziemlich große Mengen. Man kann den Saft mit Wasser oder mit Rejuvelac verdünnen (Ann Wigmore empfiehlt ein halbes Glas Chlorophyllsaft dreimal täglich). Die Sprossen können mit einer gewöhnlichen Küchenmaschine mit Obstpresse, die an einen Fleischwolf gekoppelt ist, ausgepreßt oder im Notfall mit etwas Wasser gemischt werden. Das abgeseihte Weizengras läßt sich als Umschlag bei Wunden und Schwellungen verwenden. Chlorophyll bildet sich bei Sonnenlicht und gleicht dem Hämoglobin in unserem Blut.

Keimlinge haben einen hohen Nährwert

Außer allen Getreidearten lassen sich auch *Alfalfa* (Luzerne), *Bockshornsamen, Mungbohnen, Linsen, Azukibohnen, Kichererbsen* und *Sojabohnen* keimen, aber auch unsere einheimischen *grünen* und *gelben Erbsen*. Gekeimter Bockshornsamen ist sehr eisenhaltig, aber Alfalfakeime dürften die nahrhaftesten von allen sein. Sie enthalten alle bislang bekannten Vitamine sowie eine Vielzahl an Mineral- und Spurenstoffen. Außerdem sind sie so mild und leicht eßbar, daß sie sogar Kleinkindern gegeben werden können.

Gekeimte Hülsenfrüchte sind beträchtlich weniger gasbildend als gekochte. Im Hinblick auf Mineralstoffe, Vitamine und Protein nimmt ihr Nährwert zu, während die Kohlehydrate weniger werden, d.h. die Kalorien abnehmen. Ein kleiner Teil der Mineralstoffe löst sich in dem Einweichwasser auf, aber es handelt sich um so geringe Mengen, daß sie keine Bedeutung haben. Mit dem mineralstoffreichen Einweichwasser können Topfpflanzen gegossen werden.

Keime sind gute Vitamin-B-Lieferanten. Vitamin C, in der trockenen Frucht kaum meßbar, nimmt mitunter um mehrere 100% zu, so daß man von einer Synthetisierung spricht. Auch Vitamin B_{12}, das für die Blutbildung von so großer Bedeutung ist, erhält man durch die Keime. Früher nahm man an, daß Vitamin B_{12} nur in tierischen Nahrungsmitteln vorkäme, es wurde deshalb »Fleischvitamin« genannt. Inzwischen weiß man, daß es B_{12}, neben anderen Produkten der Milchsäuregärung, sowohl in Sauerkraut wie in Keimen gibt. Es ist nicht völlig klar, wie das Vitamin B_{12} beim Keimen gebildet wird, ob das mit Hilfe von Mikroorganismen geschieht oder ob es vom Keim selbst gebildet wird. Wenn man aber Keimlinge ißt, dann erhält man Vitamin B_{12}, und das ist das Wichtigste.

Manche Keimlinge müssen kurz aufgekocht werden
Keimlinge von Sojabohnen und Kichererbsen werden 2 bis 3 Minuten aufgekocht, bevor man sie ißt. Das hat seinen Grund darin, daß die *rohen* Bohnen »Trypsinhemmende Inhibitoren« enthalten, die bewirken, daß man das Protein nicht verwerten kann, die aber durch Kochen zerstört werden. (Trypsin ist ein Enzym, das die Aufgabe hat, das Protein im Darmkanal aufzuspalten.) Man ist sich bislang noch nicht ganz im klaren darüber, wie es sich mit den Bohnen in *Keim*form verhält, sicherheitshalber sollten sie ganz kurz aufgekocht werden. Der größte Wert der Keimlinge liegt mehr in ihrem Zuschuß an Vitaminen und Mineralstoffen als in ihrer Funktion als Proteinlieferanten. Wie immer spielt auch die Darmflora eine große Rolle, wenn es darum geht, die verschiedenen Nahrungsmittel verwerten zu können.
Mungbohnen- und Linsenkeime brauchen nach dem, was sich bisher gezeigt hat, nicht kurz aufgekocht zu werden. Etwas, worauf man achten muß, ist Schimmel – schimmelige Keime dürfen nicht gegessen werden.

Verschiedene Keimmethoden

Es gibt verschiedene Keimapparate und sinnvolle Vorrichtungen mit Schalen zum Keimen zu kaufen, die einfachste und billigste Methode ist aber die Flaschen- oder Dosenmethode.

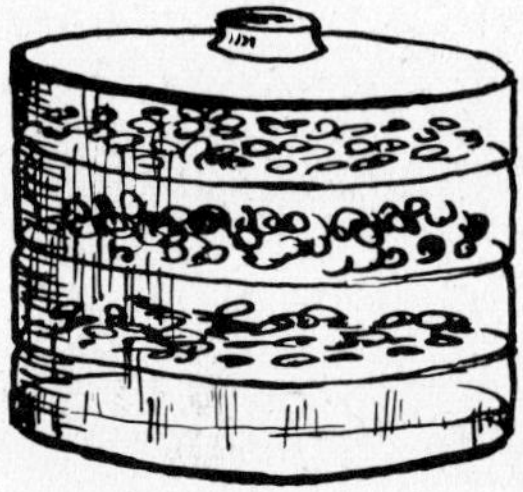

Keimapparat Bio-Snacky

Man braucht dafür nur eine Glasdose (Einmachglas) oder eine Saftflasche mit weiter Öffnung, ein Stück Fliegengitter (oder Gaze) und ein kräftiges Gummiband, das um die Öffnung gespannt wird. Am

Die einfachste Keimmethode: mit einem Einmachglas und einem Stück Fliegengitter aus Kunststoff.

leichtesten gelingt das Keimen mit Mungbohnen und Alfalfa, Kichererbsen sind etwas schwieriger, auch müssen sie 4- bis 5mal täglich gewässert werden, damit sie nicht säuern.
Man nimmt 1 dl Mungbohnen, reinigt sie sorgfältig von Abfall und sortiert beschädigte oder mißfarbige Samen aus. Sie werden mehrere Male abgespült und für 10 bis 12 Stunden in dreimal soviel Wasser in ein Einmachglas gelegt. Dann das Wasser abgießen (an Topfpflanzen geben) und abspülen – das Fliegengitter auf der Öffnung dient als Sieb. Das Glas kann auf der Spüle umgedreht werden. Mit einem Handtuch werden die Samen zugedeckt, so daß sie im Dunkeln keimen. Täglich 2- bis 3mal wässern. Keimzeit 4 bis 5 Tage. Ein Teil Bohnen ergibt sechs Teile fertige Keime. Zum »Grünen« das Glas eventuell einige Stunden ins Helle stellen (das gilt besonders für Alfalfakeime). Die fertigen Keimlinge werden im Kühlschrank verwahrt, sollten aber innerhalb einer Woche gegessen werden. Nicht vergessen, sie mitunter zu spülen.
Alfalfasamen wird auf die gleiche Weise gekeimt, nimmt im Volumen aber 20- bis 30fach zu. Deshalb sind jeweils 1 bis 2 Eßlöffel Samen ausreichend. Er wird 6 Stunden eingeweicht und muß dann 4 bis 5 Tage keimen.
Eine andere Art zu keimen ist die »Blumentopfmethode«. Man nimmt einen gewöhnlichen Plastikblumentopf, legt ein Stück Fliegengitter auf den Boden und darauf die eingeweichten Samen. Eine Untertasse dient als Deckel. 2- bis 3mal täglich wässern. Diese Methode ist gut für Mungbohnen geeignet, sie bringt lange, gerade Keime, die denen gleichen, die man fertig kaufen kann.

Für denjenigen, der auf Reisen ist, gibt es die »Plastiktütenmethode«, so daß man auch dann nicht auf frische Keimlinge verzichten muß. Man nimmt eine Plastiktüte, sticht Löcher hinein, legt den Samen in die Tüte und füllt sie mit Wasser auf. Die Tüte wird über der Waschgelegenheit aufgehängt.

Wie werden die Keimlinge verwendet?

Die Keimlinge werden zur Rohkost oder zusammen mit verschiedenen Gemüsesorten, in Salaten oder auf Butterbroten verwendet, man kann sie aber auch Eintöpfen, Suppen usw. zusetzen.

Sollte man zu viele Keimlinge auf einmal bekommen haben, können sie auf verschiedene Arten zubereitet werden. Man kann z. B. aus ganz kurz aufgekochten Keimlingen von Kichererbsen (oder anderen Keimlingen) durch Verarbeiten mit etwas Wasser im Mixer eine Farce machen, die man je nach Belieben mit Kräutersalz, Hefeextrakt oder Pilzpulver würzt. Als Bindemittel nimmt man etwas Paniermehl, formt sie zu kleinen Bällchen und brät sie sehr vorsichtig in etwas Olivenöl.

Ann Wigmore bezeichnet die Keimlinge als »die Speise des neuen Zeitalters«. Sie empfiehlt, für den Fall von Katastrophensituationen oder Lebensmittelkrisen verschiedener Art, immer eine kleine Reserve von Getreide, Bohnen und Samen als eine Art »Lebensmittelversicherung« zu Hause zu haben. Bei der Aussaat wird es bedeutend billiger, die gewöhnlichen Essenspackungen zu kaufen, als die speziellen kleinen Portionstüten mit Samen.

In der ganzen Welt ist das Interesse an Keimlingen jetzt sehr groß, und es wird intensiv auf diesem Gebiet geforscht, von dem man glaubt, daß es für die Zukunft sehr bedeutend ist.

Milchsäuregärung

Lebensmittel mit Hilfe der Milchsäuregärung aufzubewahren, ist eine uralte Konservierungsmethode, die man in den meisten Ländern in allen Weltteilen gekannt und angewendet hat. Aber wie so viele alte Kenntnisse ist auch diese Tradition im Begriff, verlorenzugehen. Sowohl hier wie woanders ist die Kunst, Kohl und andere Gemüse zu säuern, fast vergessen (obwohl man saure Milch und einige andere gesäuerte Produkte kennt).

Im Gegensatz zum *Tiefgefrieren* benötigt diese Form der Gemüseaufbewahrung keinen Energieeinsatz. Wegen des Energieverbrauchs und der Veränderung, die die Lebensmittel auf Grund der Kälteeinwirkung erleiden, stellt man das Tiefgefrieren immer mehr in Frage. Man greift deshalb zunehmend auf die einfacheren, traditionellen Methoden wie *Trocknung, Sterilisieren* und *Säuerung* zurück. Annelies Schöneck, Lehrerin für landwirt-

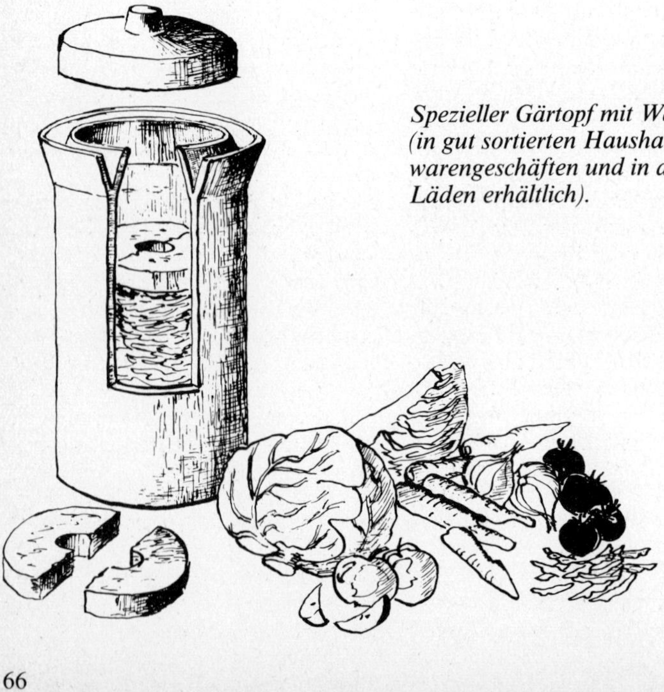

Spezieller Gärtopf mit Wasserschloß (in gut sortierten Haushaltswarengeschäften und in alternativen Läden erhältlich).

schaftliche Haushaltsführung, hat die Lebensmitteltechnik früherer Zeiten aufgegriffen und entwickelt und sie so vor dem Vergessen bewahrt. In ihrer Schrift »Mjölksyrejäsning av grönsaker« (»Milchsäuregärung von Gemüse«) finden sich ausführliche Anweisungen und Rezepte.

»Gemüse zu säuern, ist im Unterschied zur gewöhnlichen Konservierung eine Möglichkeit, das Leben in ihnen zu erhalten«, sagt sie. Milchsäuregärung ist ein Reife- und Veredlungsprozeß und die einzige Konservierungsmethode, welche die Rohware bereichert und verbessert. Die Nährwerte werden nicht nur bewahrt, sondern sogar gesteigert. Frischer Weißkohl enthält reichlich Vitamin C, das im Sauerkraut noch enthalten ist. Dazu kommen die Vitamine B, auch B_{12}, neben anderen Bestandteilen wie Cholin, Azetylcholin und Enzyme. Ein gesäuertes Gemüse ist nichts Totes und Devitalisiertes, deshalb ist auch die Haltbarkeit nicht unbegrenzt.

Selbstverständlich ist das Ergebnis der Säuerung abhängig von der Qualität der Gemüse. Man kann sagen, eine geglückte Milchsäuregärung beginnt schon im Gemüsegarten. Die Gemüse sollten also naturgemäß angebaut sein. Stark mit Kunstdünger getriebene Pflanzen bringen kein glückliches Ergebnis, statt dessen fangen solche Produkte leicht an zu faulen. (Anweisungen zur Sauerkrautbereitung finden sich auf S. 170).

Milchsaures Gemüse bildet eine ausgezeichnete Ergänzung zu Getreidemahlzeiten und kann sowohl als Salat wie als warmes Gericht zubereitet werden. Den größten gesundheitlichen Wert haben diese Gemüse in nichtpasteurisiertem und ungekochtem Zustand, da beim Erhitzen die Enzyme zerstört werden. Rohes Sauerkraut wird auch von denen vertragen, die bei gewöhnlicher Rohkost Schwierigkeiten haben, es ist sogar leichter verdaulich als gekochtes Gemüse. Die Milchsäure ist dem Magensaft eng verwandt. Bei ungenügender Salzsäureproduktion bildet sie einen Zuschuß, aber sie kann auch die Produktion, wenn sie zu stark ist, »dämpfen« und so puffernd wirken. Bei der Gärung wird Azetylcholin gebildet, das die Darmperistaltik günstig beeinflußt und Verstopfungen entgegenwirkt.

Nicht pasteurisierter Sauerkrautsaft ist ein gutes Mittel gegen Darminfektionen verschiedener Art. Die Milchsäurebakterien verhindern die Entstehung von Fäulnis, nicht nur in den Produkten selbst, sondern auch im Darm. Bei Penicillinkuren sind milchgesäuerte Produkte eine wertvolle Hilfe, um im Darm wieder eine normale Bakterienflora aufzubauen. Nach einer solchen Kur kann es bis zu sechs Monate dauern, bis die Darmflora sich normalisiert, da die Antibiotika nicht nur die krankheitserregenden Bakterien vernichten, sondern auch die nützlichen, die wir für Gesundheit und Wohlbefinden brauchen.

Bei gelegentlicher Müdigkeit kann man ein halbes Glas Sauerkrautsaft trinken oder einen Eßlöffel Molkosan (Molkenkonzentrat) in etwas Wasser nehmen. Das muntert auf und ist besser als Kaffee.

Es gibt verschiedene Arten von Milchsäure:

- □ Diejenige, die der Körper selbst produziert und die in den Muskeln hergestellt wird, wenn man nicht genügend Säure hat. Diese Milchsäure ist energetisch entladen, d.h. sie hat keine Lebensenergie und macht uns müde und krank. Verbrauchte und im Körper verbleibende Milchsäure verursacht Muskelschmerzen, Rheumatismus usw.
- □ Die Milchsäure, die von Mikroorganismen (den Milchsäurebakterien) produziert wird und die energetisch aufgeladen ist. Sie *vertreibt* die alte, im Körper ruhende Milchsäureschlakke.

Bei Muskelarbeit wird normale Milchsäure freigesetzt, die an das Blut abgegeben wird und als pH-Regulator dient. Bei chronischen Krankheiten und Krebs aber hat man herausgefunden, daß die Milchsäure in den Geweben zurückgehalten wird. Weil es wichtig ist, daß sie ausgesondert wird, sollten die milchgesäuerten Produkte in der täglichen Kost enthalten sein. Man hilft dann dem Körper sehr, Krankheiten und Störungen verschiedenster Art zu widerstehen – wenn man gleichzeitig die Spurenstoffe in ausgewogener Ordnung hat. Die Immunität des Körpers wird durch eine milchgesäuerte Kost erhöht, sie bietet einen natürlichen Schutz gegen Infektionskrankheiten.

Nach dem deutschen Arzt Johannes Kuhl reicht Vollwertkost alleine nicht als Schutz gegen Degenerationskrankheiten aus, sondern nur zusammen mit milchgesäuerten pflanzlichen Produkten. Diese milchsauren Produkte spielen eine große Rolle bei der Unterstützung der Zellatmung, d.h. bei dem Säuretransport im Blut. Deshalb ist die milchgesäuerte Kost *krebsvorbeugend*. Da es immer leichter ist, vorzubeugen als zu heilen, sollte man sich dieser Gesundheitsquelle bedienen, die die milchgesäuerten Produkte darstellen.

Rezeptsammlung

Eine harmonisch ausgewogene Hauptmahlzeit soll *alle* Bestandteile des Pflanzenreiches in irgendeiner Form enthalten, d.h. sowohl Wurzeln wie auch Blätter und Samen (Früchte). Die Mahlzeit soll auch möglichst so komponiert sein, daß sie farblich anregend wirkt. Das steigert den Appetit und die Essensfreude bei Tisch.

Die folgenden Rezepte sind nur als eine Anleitung zu sehen und können nach eigenem Geschmack variiert werden. Auch das Würzen muß dem individuellen Geschmack angepaßt werden. Sein Essen sollte jeder selbst schöpfen, frei von allen Regeln und Vorschriften.

In diesem Buch werden die meisten Zutaten mit einem Litermaß gemessen; 1 dl entspricht 100 ml.

Frühstücksgerichte

Das traditionelle makrobiotische Frühstück besteht üblicherweise aus irgendeiner der verschiedenen leichten Misosuppen (siehe S. 93). Besonders in der kalten Jahreszeit sind sie wärmend und stärkend. Wem es schwerfällt, den Tag so zu beginnen, kann statt dessen eine gesunde Grütze, am besten aus frisch gemahlenem Getreide, anrichten. Will man dem Problem der Milch an der Grütze entgehen, kann man die Grütze zu Mehlsuppe verdünnen – oder man macht irgendeine Pflanzenmilch (siehe S. 76). Man kann auch ruhig einmal versuchen, die Grütze mit gedarrtem (luftgetrocknetem) Getreide zuzubereiten. Gut und leicht verdaulich!
Vor einigen Jahren wurde von einem Zahnarzt der sogenannte Schnitzerbrei eingeführt, um die Zahngesundheit von Schulkindern zu verbessern. Das Ergebnis seines Ratschlags zur Ernährung war, daß sich der Gesundheitszustand bei denjenigen Einwohnern in jeder Hinsicht verbesserte, die diesen Anweisungen folgten. Sie wurden kleine und große Beschwerden los und viel vitaler und widerstandsfähiger. Der Brei, in der eigentlichen Bedeutung des Wortes kein Brei, sondern eher eine Art Müsli, besteht aus zerquetschtem, eingeweichtem Getreide. Wichtig in diesem Zusammenhang ist, daß das Getreide jeden Tag frisch gemahlen wird, so daß alle Enzyme und Vitalstoffe erhalten bleiben. Es hat also keinen Zweck, für eine Woche auf einmal zu mahlen. Das setzt voraus, daß man eine Getreidemühle besitzt. Im Notfall kann man sich mit einem Mixgerät helfen, indem man das ganze Getreide erst einweicht und dann mit etwas Wasser in der Haushaltsmaschine zerschlägt. Ganzes, trockenes Getreide sollte man im Mixer nicht verarbeiten, das Mixgerät könnte kaputtgehen.
Ähnliche Frühstücksgerichte wurden bisher in Form verschiedener Müslisorten und als Vitalfrühstück bekannt. Das Neue in diesem Zusammenhang ist, daß das Getreide jedesmal *frisch gemahlen* ist und nicht aus dampfgepreßten Flocken besteht.

Misosuppe mit Tofu und Schnittlauch. Butterbrote mit Tahinaufstrich (Sesampaste) und Weißkäse mit Paprikapulver.

Schnitzerbrei
ca. 1 dl geschroteter Weizen pro Portion. Achtung! Es ist wichtig, daß das Getreide biologisch angebaut ist.
½–1 dl Wasser

Das Getreide mit dem Wasser verrühren, bis es ein dicker Brei ist. Abdecken und über Nacht oder mindestens 6 Stunden stehen lassen.

Beim Servieren zugeben
1 EL Sonnenblumenkerne oder gehackte Mandeln
1 kleiner, grob geraspelter oder in Stücke geschnittener Apfel
½ EL Rosinen

Er wird ohne weitere Zugaben gegessen, falls gewünscht mit etwas saurer Milch oder Sesammilch. Keinesfalls aber gezuckerten Kompott dazu essen, das würde die gute Wirkung völlig zunichte machen. Er muß sehr gut gekaut werden.
Durch Abwechseln der verschiedenen Getreidearten, durch verschiedene Arten von Nüssen sowie Früchten und Beeren nach der Jahreszeit wird dieser Brei nie eintönig und langweilig. Man kann auch getrocknete, ungeschwefelte Früchte (z.B. Aprikosen, Backpflaumen) dazugeben, die getrennt eingeweicht und in Würfel geschnitten werden. Gegen Hartleibigkeit kann man morgens zwei EL Leinsamen (nicht eingelegt) hinzufügen.

Haferbrei oder -suppe
4 Personen

3 dl Hafer (gedarrt, siehe S. 183)
1 l Wasser
½ TL Meersalz (oder 1 TL Miso oder Tamari)
einige zerriebene Koriandersamen

Den Hafer mahlen und in kochendes Wasser einrühren. Unter Umrühren einige Minuten kochen. Meersalz und einige zerriebene Koriandersamen zugeben. 10 Minuten quellen lassen. Falls gewünscht, zu Suppe verdünnen. Ein sehr gutes und wohltuendes Frühstück für alle schwachen Mägen.

Gerstenschrotbrei
4 Personen

1 l Wasser
3 dl Gerstenschrot
½ TL Meersalz

Das Wasser aufkochen und den Gerstenschrot mit dem Schneebesen einrühren. Meersalz zugeben und unter Umrühren 10–15 Minuten kochen lassen. Mit ungezuckerten Beeren oder Früchten servieren.

Roggenschrotbrei
4 Personen

3 dl Roggenschrot (gerne gedarrt; siehe S. 183)
1 l Wasser
½ TL Meersalz

Zubereitung wie Gerstenschrotbrei. Mit ungezuckertem Fruchtmus reichen oder einige eingelegte, getrocknete Früchte in den Brei mengen.

Grahambrei
4 Personen

3 dl Grahammehl
1 l Wasser
½ TL Meersalz
1–2 EL Leinsamen

Zubereitung wie Gerstenschrotbrei. Mit roh geriebenen Äpfeln oder ungezuckertem Fruchtmus reichen.

Hirsebrei
4 Personen

3 dl Hirse
1 l Wasser
½ TL Meersalz
5–6 ungeschwefelte Aprikosen (eingeweicht)

Zuerst die Hirse in kaltem, dann in kochendheißem Wasser waschen. Mit Wasser und Meersalz aufkochen. Die Aprikosen in Stücke schneiden und zugeben. 15 Minuten quellen lassen – gerne auch länger.

Brei aus unbehandeltem Reis
4 Personen

2½ dl unbehandelter Reis
1 l Wasser
1 Stück Zimt
½ TL Meersalz
evtl. 1 TL Honig

Den unbehandelten Reis mahlen oder im Mixgerät zerkleinern. Das Wasser mit Zimt und Meersalz aufkochen. Das Reismehl mit dem Schneebesen einrühren. 10 Minuten kochen und eine Weile quellen lassen. Wenn der Brei etwas abgekühlt ist, den Honig hineinrühren. Zur Abwechslung mit gedarrtem Reis probieren.

Buchweizenbrei
4 Personen

3 dl zerquetschter Buchweizen
1 l Wasser
½ TL Meersalz
evtl. 2 EL Rosinen
evtl. Weizenkeime
gehackte Mandeln oder leicht geröstete Sonnenblumenkerne

Buchweizen, Wasser und Meersalz einige Minuten kochen und ca. 15 Minuten quellen lassen. Falls gewünscht, Rosinen, Weizenkeime und Mandeln zugeben.

Flockenmüsli (Grundrezept)
2 dl Weizenflocken
2 dl Roggenflocken
2 dl Haferflocken
2 dl Gerstenflocken
2 dl kleingehackte Datteln
2 dl Sonnenblumenkerne

Die Mischung kann nach eigenem Geschmack mit verschiedenen Zutaten variiert werden, wie z. B. Hirseflocken, Leinsamen (ganz oder gemahlen), Nesselpulver, Kleie, Weizenkeime, Hagebuttenpulver, verschiedene Arten von Nüssen und getrockneten Früchten. Man verwahrt die Mischung kühl in einer Dose mit dicht schließendem Deckel.

Tips
Das Müsli kann abends eingeweicht oder direkt als »Zugabe« zu Sauermilch verwendet werden.
Achtung! Weizenkeime müssen kühl verwahrt und möglichst innerhalb eines Monats verbraucht werden.

Müsli aus zerquetschtem, gedarrtem Getreide

6 dl ganzes Getreide (Gerste, Weizen, Roggen oder Hafer)
1 dl Leinsamen
1 dl gehackte Mandeln, Haselnüsse oder Sonnenblumenkerne

Das Getreide wird leicht gedarrt (siehe S. 183) und zerquetscht oder geschrotet. Mit Leinsamen und Mandeln, Nüssen oder Sonnenblumenkernen mischen. Die Mischung in einem dicht schließenden Gefäß aufbewahren.
Das Müsli wird abends mit etwas Wasser angerührt, bis es breiig ist. Über Nacht quellen lassen. Man rechnet ¾–1 dl pro Person. Morgens setzt man zu: 1 TL Honig, 1 TL Zitronensaft und ½ grobgeraspelten Apfel oder 50 g andere Früchte oder Beeren, der Jahreszeit entsprechend. In der kalten Jahreszeit kann das Müsli im Wasserbad gewärmt werden. Nach Geschmack dazu Sauermilch, Soja-Joghurt (Seite 78) oder Sesammilch servieren.

Buchweizenmüsli

6 dl ganze Buchweizenkörner
1 dl gehackte Mandeln (oder leicht geröstete Sonnenblumenkerne)
1 dl Rosinen oder kleingehackte Datteln
(1–2 dl Hirseflocken oder Flockenmüsli)

Den Buchweizen gründlich mit kochendheißem Wasser waschen und in einem Sieb abtropfen lassen. Im Ofen bei schwacher Wärme trocknen (darren), bis er sich trocken und etwas knusprig anfühlt. Abkühlen lassen und dann mit Mandeln und Rosinen mischen. Auch gedarrte Hirseflocken oder Flockenmüsli können zur Abwechslung beigemischt werden. In einem dicht schließenden Glasgefäß kühl verwahren. Mit grob geraspelten Äpfeln oder Beeren, je nach der Jahreszeit, zu Dickmilch oder dergleichen reichen.

Okaramüsli

ca. 5 dl Sojabohnenmasse (Okara) von der Sojamilchbereitung (siehe S. 77)
ca. 2 EL Malzextrakt oder Honig
2 EL Öl
½ TL Meersalz

Abschmecken

Geriebene Zitronenschale oder
1 TL zerstoßene Vanillestange.

Alle Zutaten gut mischen. Die Masse auf einem Backblech mit Kanten ausbreiten und ungefähr 1 Stunde bei 175° in den Ofen stellen. Ab und an umrühren, damit nichts anbrennt. Besonders gegen Ende aufpassen.
Wenn das Okara eine goldbraune Farbe annimmt und knusprig wird, ist es fertig. Abkühlen lassen und in eine Dose füllen. Es wird als Müsli oder als Nachtisch, Fruchtmus usw. benutzt.

Müsli aus zerquetschtem Getreide mit Preiselbeeren, Mandeln und gerösteten Sonnenblumenkernen. Buchweizenbrei mit Pflaumen. In den Kannen Sesammilch und Dickmilch. Knäckebrot mit Quark und Radieschen.

Heidelbeerbrei
4 Personen

5 dl Wasser
ca. 1 dl frische Heidelbeeren
2 dl Buchweizen oder
Roggenschrot, zu richtigem Brei zerquetscht
½ TL Meersalz
(Malzextrakt)

Wasser und Heidelbeeren aufkochen, das Mehl einrühren. Meersalz zugeben, den Brei unter Umrühren einige Minuten schwach kochen und ca. 15 Minuten quellen lassen. Der Brei kann, falls man es wünscht, mit einigen Teelöffeln Malzextrakt gesüßt werden. Mit Sesammilch servieren.

Apfelreisbrei
4 Personen

2½ dl unbehandelter Reis
8 dl Wasser
1 Stück Zimt
6 mittelgroße Äpfel
½ TL Meersalz

Den unbehandelten Reis abwaschen und mit dem Stück Zimt in kaltem Wasser aufsetzen. 30 Minuten kochen. Die in Stücke geschnittenen Äpfel und das Meersalz zusetzen. Weitere 15 Minuten kochen. Dann den Brei am besten 10 Minuten quellen lassen.
Mit Sesam- oder Mandelmilch reichen.

Pflanzenmilch

Eine oft auftauchende Frage ist, ob man als Vegetarier wirklich Kuhmilch verwenden sollte. Die makrobiotische Gesundheitslehre verbietet nichts, aber bei Milch empfiehlt sie Zurückhaltung. Jeder Mensch muß selbst herausfinden, was ihm am besten bekommt.
Leider ist die Qualität der Milch heute so, daß man sich wirklich fragen muß, ob sie zur Gesundheitskost gerechnet werden kann. Sie wird von Tieren produziert, die häufig krank sind, weil sie unnatürlich gehalten werden. Damit sie mehr Milch geben, wurden neue Kuhrassen gezüchtet. Sie haben Euter, die bis zum Boden herabhängen, und deshalb häufig Euterentzündungen, die mit Antibiotika behandelt werden.
Danach wird die Milch pasteurisiert und homogenisiert, was ihren Wert weiter herabsetzt. Das empfindliche Milcheiweiß wird durch Erhitzen geschädigt, es wird schwer verdaulich und wirkt verstopfend. Trotz allem aber ist die Milch für heranwachsende Kinder ein schützendes Nahrungsmittel. Wenn man keine ausreichenden Kenntnisse der Nahrungslehre hat, kann man nicht ohne Milch leben.
Sojamilch alleine reicht für Kinder, die wachsen müssen, nicht aus; sie muß, des Kalks wegen, in diesem Fall mit Sesam ergänzt werden.
Als Kinder haben wir ein Enzym im Magen, die Laktase, mit deren Hilfe wir frische Milch verdauen können. In der Pubertät verschwindet gewöhnlich das Enzym – wenn man es nicht durch Gewöhnung bis in

das Erwachsenenalter erhält. Schon im Alter von 8 Jahren beginnt dieses Enzym weniger zu werden. Das ist ein deutlicher Hinweis, daß Milch nicht als Nahrungsmittel für erwachsene Menschen vorgesehen ist.

Völlig mit Milch und Milchprodukten aufzuhören, kann mitunter ein viel schwererer Schritt sein, als auf Fleisch zu verzichten. Viele meinen, das Dasein sei ohne Molkereiprodukte erheblich trister. Man kann jedoch versuchen, seinen Milchverbrauch einzuschränken, wenigstens, was die süße Milch betrifft. *Saure Milch mit Weißkäse oder Quark* sind auf Grund der Milchsäurebakterien leichtverdauliche und gesunde Speisen, die auch zu einer gesunden Darmflora beitragen. Joghurt sollte dagegen nicht zu einseitig verwendet werden. Es ist mit Bakterien gesäuert, die nicht mit dem menschlichen Darmmilieu übereinstimmen, und kann deswegen die Darmflora verändern.

Viele haben dadurch eine bessere Gesundheit erlangt, daß sie aufgehört haben, frische Milch zu trinken. Sie wurden z. B. langwierige Darmbeschwerden und Anfälligkeit gegenüber Infektionen los. Milch bildet Schleim, der ein Nährboden für Infektionen ist. Viele sind gegen Milch in allen ihren Formen allergisch. Rheumatiker sollten mit Milch sehr vorsichtig sein.

Man kann bei allen Speiserezepten, die Milch enthalten, statt dessen irgendeine Pflanzenmilch nehmen. In mehreren Sanatorien ist man dazu übergegangen, Sesammilch zum morgendlichen Brei zu nehmen.

Verwendet man Milch, so sollte man

- ☐ süße Milch vermeiden, saure Milch ist besser
- ☐ keine Milch als Tischgetränk trinken
- ☐ niemals Milch unnötig erhitzen
- ☐ niemals Fleisch und Milch bei einer Mahlzeit mischen, die Verdauungsarbeit wird sonst um mehrere Stunden verzögert.

Mandelmilch

2–3 dl geschälte Mandeln oder Cashewnüsse
1 l Wasser
1 TL Honig
Meersalz

Die geschälten Mandeln oder Nüsse mit Wasser nach und nach im Mixer verarbeiten. Mit einem Teelöffel Honig und einer Prise Meersalz abschmecken. Man erhält feineres Fett und Protein als bei Kuhmilch.

Sojamilch

2½ dl Sojabohnen
1 l Wasser
Honig
Meersalz

Die Sojabohnen waschen und über Nacht einweichen. Abspülen und mit frischem Wasser im Mixer verarbeiten. Die Masse (Okara) gut auspressen und für andere Gerichte aufheben (z. B. Müsli, Bohnenbeefsteaks und Brot). Die so erhaltene Milch unter Umrühren 5–7 Minuten sieden lassen. Mit Honig und Meersalz abschmecken.

Außer Kalk hat die Sojamilch in allem einen höheren Nährwert als Kuhmilch. Die beste Quelle für

Kalk ist Sesamsamen, der pro Gewichtseinheit sechsmal soviel Kalk wie Kuhmilch enthält. Da Sojaprotein und Sesamprotein sich gegenseitig ergänzen, können sie vorteilhaft kombiniert werden.

Soja-Joghurt
1 l Sojamilch nach obigem Rezept
2 TL normales, frisches Joghurt

Das gewöhnliche Joghurt mit der Sesammilch (am besten lauwarm) mischen. Abdecken und 14–18 Stunden bei Zimmertemperatur stehen lassen. Dann kühl stellen. Einige Teelöffel als Kultur für die nächste Joghurtbereitung zurückbehalten.
Das Joghurt mit Müsli und Früchten oder Beeren aller Art reichen.

Sesammilch und Sesamsahne
2 dl Sesamsamen
1 dl Wasser
Meersalz
1 TL Honig

Den Sesamsamen zuerst trocknen, dann mit etwas Wasser im Mixer pürieren. Mit ¾ l Wasser verdünnen. Die Milch so verwenden, wie sie ist, oder abseihen (siehe unten); mit einer Prise Meersalz und einem in etwas lauwarmem Wasser aufgelösten Teelöffel Honig abschmekken. Man kann auch Früchte mitmahlen.
Sesammilch wird mit geschälten Sesamsamen am milchähnlichsten, doch ist der Nährwert bei ungeschälten Samen höher. Man kann auch beides hälftig nehmen. Ungeschälter Sesamsamen muß gut gewaschen werden. Für Sesamsahne nimmt man nur die halbe Menge Wasser und verwendet geschälten Sesamsamen.

Tips
Die im Sieb verbliebenen Reste der Sesammilch lassen sich zu einem guten »vegetarischen« Gratin verwenden. Sie werden mit der gleichen Menge Zwiebackkrümel gemischt, mit etwas körnigem Salzersatz und einer ganz kleinen Prise Paprikapulver abgeschmeckt. Andere Verwendungsmöglichkeiten ergeben sich als Pfannkuchenteig, beim Backen, als Brotaufstrich oder bei verschiedenen warmen Gerichten, wie z. B. vegetarischem Beefsteak.

Rohkost und Salate

Ein frischer Rohkostsalat beliebiger Art paßt gut zur Getreidemahlzeit. Je nach Erhältlichkeit kann er aus Gemüsen der Saison bestehen, aus Wildkräutern oder verschiedenen Keimen, milchgesäuerten Gemüsen oder Sauerkraut.
Besonders die Sommerzeit ist »Salatzeit«, und der Anteil von Rohkost und Salaten kann größer als während der kalten Jahreszeit sein. Im Winter, wenn es um frische Gemüse schlecht bestellt ist, muß man mehr Wurzelgemüse verwenden, wie z. B. geriebene Mohrrüben und die wohltuenden gesäuerten Gemüse.
Es ist immer darauf zu achten, daß die Rohkost aus giftfrei angebauten Gemüsen bestehen sollte. Besonders muß bei den Kohlarten gewarnt werden. Hat man zu biologisch angebautem Gemüse keinen Zugang, ist es besser, für die Rohkost Keime zu ziehen. Sie sind wenigstens während der Wachstumszeit unbehandelt.
Rohkost sollte immer erst kurz vor einer Mahlzeit zubereitet werden. Empfindliche Mägen vertragen Früchte und Gemüse zusammen bei einer Mahlzeit schlecht (Äpfel und Beeren bilden eine Ausnahme). Ein sättigender Salat aus Getreide und Bohnen kann eine ganze Mahlzeit ersetzen und kann außerdem leicht zur Arbeit mitgenommen werden.

Es ist gut, Rohkost vor dem warmen Gericht zu essen – der Körper kann sich dann die wertvollen Vitalstoffe leichter zunutze machen, die uns die Rohkost bietet.
Man serviert den Salat mit einem Dressing, verschiedene Vorschläge für Dressings befinden sich auf S. 88.

Gemischter Keimesalat
4 Personen

1 dl Alfalfakeime
1 dl Mungbohnenkeime
1 dl Bockshornklee
1 dl Weizenkörner, gekeimt
2 dl Squash-, Zucchini- oder Gurkenwürfel
½ rohe Paprikaschote, in Streifen geschnitten.

Keime und Squashwürfel vorsichtig in einer Schüssel mischen. Mit Paprikastreifen garnieren. Mit Dressing Nr. 1, 2 oder 3 reichen (siehe S. 88).

Grüner Salat mit Alfalfakeimen
4 Personen

Grüner Salat (gerne Friséesalat)
4 dl Alfalfakeime
1 Bund Radieschen

Salat in Salzwasser waschen und abtropfen lassen. Zerteilen und mit den Keimen und den in Scheiben geschnittenen Radieschen mischen. Auch das Radieschenkraut kann verwendet werden. Servieren mit Dressing Nr. 1, 3, 4 oder 5 (siehe S. 88).

Linsenkeimesalat mit Mohrrüben
4 Personen

2 mittelgroße Mohrrüben
4 dl Linsenkeime
1 Endiviensalat (oder Löwenzahnblätter)

Mohrrüben grob raspeln, mit den Linsenkeimen und einigen fein zerteilten Salatblättern mischen. Die Salatschüssel rundum mit Endiviensalat oder Löwenzahnblättern garnieren. Den Keimesalat hineinlegen und mit Dressing Nr. 7 oder 12 (siehe S. 89) übergießen.

Pußtasalat
4 Personen

4 dl milchgesäuerte Gemüsemischung
1 kleine Zwiebel
1 Apfel
grüne Blätter als Garnierung

Gemüsemischung und Zwiebel kleinschneiden. Den Apfel grob raspeln und alles durcheinandermischen. Dressing Nr. 7, 8 oder 14 (siehe S. 89) zufügen. In eine mit grünen Blättern garnierte Schale geben.
Anstelle von Dressings kann man einige Eßlöffel kaltgepreßtes Öl oder Sahne nehmen.

Wasserrüben als Rohkost
4 Personen

2 kleine Wasserrüben (ca. 4 dl)
Löwenzahnblätter oder andere Wildkräuter als Garnierung

Wasserrüben auf der Rohkostreibe raspeln. In eine Schale geben und Dressing Nr. 8, 11 oder 13 (siehe S. 89) darübergießen. Fein gehackte Wildkräuter darauf streuen.

Pastinaksalat
4 Personen

2 mittelgroße Pastinake (ca. 4 dl)
2 EL grob gehackte Walnüsse
(Vogelbeeren)

Die Pastinake auf der Rohkostreibe raspeln. Mit Dressing Nr. 10, 11 oder 12 (siehe S. 89) mischen. Die gehackten Walnüsse darüberstreuen. Falls es der Jahreszeit nach möglich ist, mit Vogelbeeren garnieren.

Tips
Jeden Tag sollte man irgendeine Rohkost essen. Ein Rezept für Salate und Rohkost braucht man eigentlich nicht. Am besten läßt man die Phantasie und die Zugänglichkeit zu Gemüsen entscheiden – versucht aber dabei, den Jahreszeiten zu entsprechen. Im Winter kann man auf die teuren und geschmacklosen (und vom Nährwert her wertlosen) Importgemüse, wie z. B. Tomaten und Gurken, verzichten – wenigstens wochentags.

Pikanter Möhrensalat
4 Personen

2 mittelgroße Möhren (ca. 4 dl)
1 Apfel
1 dl saure Sahne (Joghurt oder Quark)
2 TL frisch geriebener Meerrettich
1 TL Tamari

Möhren und Apfel grob raspeln. Saure Sahne, Meerrettich und Tamari mischen und alles zusammenrühren. Mit etwas Grün garnieren.

Rettichsalat
4 Personen

1 kleine Zwiebel
1 EL Molkosan + 1 EL Wasser
1–2 Rettiche
½ TL Meersalz
1 Apfel
2 EL kaltgepreßtes Öl

Die Zwiebel fein hacken und mit Molkosan übergießen. Rettiche waschen und fein reiben. Meersalz darüberstreuen. Den Apfel grob raspeln. Alles vermischen und das Öl zugeben. Vor dem Servieren eine Weile ziehen lassen.

Rote-Bete-Salat mit saurer Gurke
4 Personen

2 mittelgroße Rote Bete (ca. 4 dl)
1 Apfel
1 kleine Zwiebel
1 milchgesäuerte Gurke

Rote Bete fein reiben, Apfel grob raspeln, Zwiebel und Gurke kleinhacken. Salatdressing Nr. 2 (siehe S. 88) mischen, hier aber mit Dillsamen würzen. Das Dressing zugeben und den Salat eine Weile ziehen lassen.

Rote-Bete-Salat mit Meerrettich
4 Personen

2 mittelgroße Rote Bete (ca. 4 dl)

Rote Bete reiben und mit Dressing Nr. 11 mischen (siehe S. 89)

Selleriesalat
4 Personen

1 Wurzelsellerie (ca. 3 dl)
Saft einer halben Zitrone
2–3 Äpfel
Meersalz
Basilikum
2–3 EL kaltgepreßtes Öl

Sellerie waschen und sorgfältig bürsten, aber nicht schälen. Ihn fein reiben und Stück für Stück sofort Zitronensaft darauf träufeln, damit das Geriebene nicht dunkel wird. Äpfel grob raspeln und mit dem Sellerie mischen. Etwas Meersalz, eine Prise zerriebenes Basilikum sowie Öl daran geben.
Den Salat eine Weile ziehen lassen. Mit grünen Blättern garnieren.

Serbischer Salat
ca. 8 Personen
Ein festlicher Salat

6 Äpfel
2 Bananen
5 Dillgurken, Eden
1 gestr. TL Meersalz
1 EL Honig
2 EL Sonnenblumenöl
Zwiebel nach Belieben

Dressing
2–3 EL Tamari
1 TL Senfsamen

Die Äpfel in kleine Würfel, die Bananen in dünne Scheiben schneiden und die Dillgurken fein hakken. Ein Dressing aus Tahin mischen, das mit ein wenig Wasser zu Creme gerührt wird. Zerstoßene Senfkörner, Meersalz, Honig, kaltgepreßtes Öl und fein geriebene Zwiebel zufügen. Alles gut mischen und den Salat 1 Std. an einem kühlen Platz ziehen lassen. Mit grünen Blättern garnieren.

Sauerkrautsalat mit Grünkohl
4 Personen

3 dl Sauerkraut
2 dl fein gehackter Grünkohl
2 EL kaltgepreßtes Öl
Gomasio

Das Sauerkraut (evtl. geschnitten) mit Grünkohl und Öl mischen. Etwas Gomasio (Sesamsamensalz) darüberstreuen.

Sauerkrautsalat mit Mohrrüben
4 Personen

3 dl Sauerkraut
1 mittelgroße Mohrrübe
2 EL Sonnenblumenöl
2 EL Sonnenblumenkerne

Sauerkraut fein schneiden, Mohrrüben grob raspeln, mit Öl mischen. Sonnenblumenkerne in der Pfanne leicht rösten (ohne Fett) und über den Salat streuen.

Sauerkrautsalat mit Roten Beten
4 Personen

3 dl Sauerkraut
2 dl geriebene Rote Bete
1 TL gestoßener Kümmel
2 EL kaltgepreßtes Öl

Sauerkraut fein schneiden. Rote Bete auf der Rohkostraffel reiben. Mit Kümmel und Öl mischen. Mit Endiviensalat garnieren.

Sauerkrautsalat mit Erdartischocken (Topinambur)
4 Personen

3 dl gehobeltes Sauerkraut
2 dl grob geriebene Erdartischocken

Dressing
Einige EL süße oder saure Sahne
2 EL gehackte Haselnüsse

Sauerkraut und Erdartischocken mischen. Süße oder saure Sahne zusetzen. Die gehackten Nüsse darüberstreuen.

Salat von milchsauren Mohrrüben
4 Personen

4 dl mit Milchsäure vergorene Mohrrüben
1 Apfel
Einige Blätter Pimpinelle oder Wildkräuter
2 EL kaltgepreßtes Öl

Die Mohrrüben werden mit dem grob geraspelten Apfel und den fein gehackten Pimpernellblättern vermischt. Das Öl zugeben. Mit Löwenzahnblättern oder Endiviensalat garnieren.

Linsensalat. Im Vordergrund Miso-Brotbelag mit Butter und selbstgemachter Quark mit Kümmel.

Squash- oder Kürbissalat
4 Personen

4 dl grob geriebenes Squash oder Kürbis
1 dl grob geriebene Mohrrüben
1 dl in feine Streifen geschnittener Lauch

Squash und Mohrrüben auf der Rohkostreibe grob raspeln und mit dem in feine Streifen geschnittenen Lauch mischen. Mit Sesamdressing Nr. 8 (siehe S. 89) oder Sahnedressing entsprechend einem der Vorschläge, z. B. mit Meerrettich oder Knoblauch abgeschmeckt, servieren.

Wildkräutersalat
4 Personen

3 dl fein gehackte Wildkräuter, z. B. Löwenzahnblätter, Gemeiner Frauenmantel, Großer Wegerich, Gänsefuß, Wiesenkerbel, Weidenröschen, mit einigen Blättern Schafgarbe als Gewürz
1 Bund Radieschen
1 Bund Schnittlauch

Die Kräuter mit Radieschenscheiben und gehacktem Schnittlauch mischen, mit einer Salatsoße reichen (siehe S. 88).
Die Wildkräuter können mit gewöhnlichem grünen Salat gemischt werden, bis man sich an den »wilden« Geschmack gewöhnt hat.

Wildkräuter mit Keimen
4 Personen

2 dl fein gehackte Wildkräuter
2 dl Mungbohnenkeime
1 dl Nesselschossen

Wildkräuter und Mungbohnenkeime mischen. Die Nesselschossen in einer Petersilienmühle mahlen und zusetzen. Eine der Salatsoßen von Seite 88 darübergießen und mit frisch aufgeblühten Löwenzahnblüten oder Radieschen garnieren.

Wildkräutersalat mit Wurzelgemüse
4 Personen

2 dl fein gehackte Löwenzahnblätter oder gemischte Wildkräuter
1 dl grob geriebene Mohrrübe
1 dl grob geriebener Sellerie
1 dl Alfalfa- oder Mungbohnenkeime

Dressing
1 TL körniger Salzersatz
1 gepreßte Knoblauchzehe
½ dl Zitronensaft oder 1 EL Kräuteressig + 2 EL Wasser
½ dl kaltgepreßtes Öl

Alles mit dem Dressing oder mit einer der Salatsoßen von S. 88 mischen.

Spinatsalat
4 Personen

3 dl kleingeschnittener Spinat oder Mangold (biologisch angebaut)
1 dl kleingeschnittener Lauch
1 dl Keime nach Wahl

Alles vermischen und z. B. mit Dressing Nr. 12 (siehe S. 89) reichen.

Selleriesalat mit Löwenzahnblättern
4 Personen

2 dl in Streifen geschnittener Bleichsellerie
2 dl in Streifen geschnittene Löwenzahnblätter
1 TL Anis

Alles mit einem beliebigen Dressing mischen, z. B. mit Zitronen- oder Kräuteressig (siehe S. 88). Anstelle von Löwenzahnblättern kann man auch Endiviensalat nehmen.

Bohnensalat
4 Personen

2 dl Bohnen
1 rote Paprika
1 kleine Zwiebel
2 dl Selleriewürfel
1 dl gehackte Petersilie
(1 dl Emmentaler Käse in Würfeln)

Dressing
½ dl kaltgepreßtes Öl
½ dl Zitronensaft
1 gepreßte Knoblauchzehe
1 TL Estragon
1 TL Basilikum
½ TL Thymian
1 EL Tamari

Die Bohnen einweichen und weichkochen. Paprika in Würfel schneiden, Zwiebel fein hacken und Selleriewürfel kurz etwas aufkochen. Die Bohnenbrühe abgießen und die Bohnen (warm oder kalt) mit den übrigen Zutaten vermischen. Wenn man will, kann man auch 1 dl Emmentaler Käse in kleinen Würfeln dazumischen. Das Salatdressing anrühren, mit Tamari und evtl. ein wenig Kräutersalz würzen, dazugeben und den Salat ziehen lassen.

Bohnensalat mit Weizen
5–6 Personen

3½ dl grob gequetschter Weizen
1 l Wasser
3 dl gekochte weiße Bohnen oder Kichererbsen
2 dl fein gehackte Petersilie (oder Petersilie + Wildkräuter)
1 fein gehackte kleine Zwiebel
3–4 Tomaten, in Scheiben oder in Viertel geschnitten
1 TL körniger Salzersatz oder Kräutersalz

Dressing
½ dl Zitronensaft
½ dl kaltgepreßtes Öl
1 EL Tamari
ca. ½ TL Basilikum

Den Weizen in das kochende Wasser geben und zugedeckt zwei Stunden stehen lassen. Abgießen und das Wasser herauspressen (als Suppenbrühe aufbewahren). Weizen und gekochte Bohnen, Petersilie, Zwiebel und Tomate mischen; würzen. Das Dressing zufügen und den Salat ½–1 Stunde ziehen lassen.
Mit frischen Salatblättern servieren.

Salat von Erdartischocken (Topinambur)
4 Personen

4 dl geriebene Erdartischocken
1 Apfel
2 EL gehackter Dill

Die Erdartischocken mit dem grob geraspelten Apfel und mit Zitronen- oder Quarkdressing (siehe S. 89) mischen, mit Dill abschmekken.

Weißkohlsalat
4 Personen

4–5 dl geschnittener Weißkohl (biologisch angebaut)
1 grob geriebener Apfel
1 kleine Zwiebel
1 Dose milchgesäuerter Paprika
Basilikum

Weißkohl und Äpfel mischen. Die Zwiebel hacken oder reiben und den Paprika dazumischen. Dressing Nr. 1, 2 oder 3 (siehe S. 88), mit etwas Basilikum gewürzt, dazugeben. Gut mischen und den Salat eine Weile ziehen lassen.

Linsensalat
ca. 4 Personen

5 dl gekochte, kalte Linsen
1 kleine, fein gehackte Zwiebel
2–3 milchgesäuerte Gurken in kleinen Würfeln
(oder 2 dl milchgesäuerte Gemüsemischung)
2 Tomaten in Vierteln
1 dl fein gehackte Petersilie
(Grünkohl oder Wildkräuter)

Dressing
½ dl kaltgepreßtes Öl
1 EL Tamari
1 EL Molkosan, evtl. etwas gesäuerte Brühe
1 gepreßte oder fein gehackte Knoblauchzehe
1 TL Kräutergewürz
(Sellerieblätter, Majoran, Basilikum)

Die Linsen abseihen und mit der Zwiebel, den Gurkenwürfeln und Tomatenstücken mischen. Das Dressing anrühren, mit Knoblauch und Kräutern würzen und dazugeben.

Den Salat mindestens ½ Stunde ziehen lassen. Das gehackte Grüne direkt vor dem Servieren einmischen. Gerne mit Löwenzahnblättern oder Endivienblättern garnieren.

Getreidesalat
4 Personen

5 dl gekochtes Getreide (z. B. Gerste oder Buchweizen)
2 dl leicht gekochte Mohrrübenwürfel
1 dl grüne Erbsen
1 kleine, fein gehackte Zwiebel oder ½ dl in Streifen geschnittener Lauch
1 dl gehackte Wildkräuter, Petersilie oder Grünkohl

Dressing
½ dl kaltgepreßtes Öl
½ EL Miso, mit etwas Wasser verrührt
1 EL Molkosan oder etwas anderes Saures, abgeschmeckt mit Knoblauch und/oder etwas Kräutergewürz
Meersalz

Getreide und Gemüse mischen. Dressing anrühren und dazugeben. Den Salat ca. 1 Stunde ziehen lassen. Die Wildkräuter direkt vor dem Servieren dazugeben.
Man kann auch milchgesäuerte Gemüse verwenden; in diesem Fall entfällt das Molkosan.

Hafer-Sauerkraut-Salat
4–6 Personen

4 dl gekochter, ganzer Hafer
3 dl Sauerkraut
1 großer Apfel, grob geraspelt

Dressing
2 EL kaltgepreßtes Öl
1 TL Koriander, im Mörser zerrieben
1–2 TL Tamari oder eine Prise Meersalz
2 EL Apfelsaft

Den Hafer mit dem Sauerkraut und dem Apfel mischen. Das Dressing anrühren und darübergießen. Den Salat eine Weile ziehen lassen. Mit grünen Blättern garnieren.

Tips
Die Reste von gekochtem Getreide, Linsen oder Bohnen können vorteilhaft in die verschiedenen Salate gemischt werden, anstatt sie noch einmal aufzuwärmen.

Salatdressings

Zu einem frisch zubereiteten Rohkostsalat gehört unbedingt ein gutes Dressing, das jeden Salat zu einer Delikatesse macht. Die wertvollen kaltgepreßten Öle sind hier am richtigen Platz, sie enthalten mehrfach ungesättigte Fettsäuren, die den Cholesterinspiegel im Blut normalisieren. Außerdem nutzt man mit einer Spur Fett an der Rohkost die fettlöslichen Vitamine besser aus.
Zur Abwechslung kann man saure Sahne oder Quark als Grundlage nehmen. Besonders gut paßt das zu roh geriebenem Wurzelgemüse aller Art.
Die Rezepte sind für 4 Personen gerechnet, müssen aber selbstverständlich der Salatmenge angepaßt werden. Das Abschmecken kann man nach eigenem Belieben und Geschmack variieren.

Salatsoßen mit Öl

1. Kräuteressigsoße
1 EL Kräuteressig + 2 EL Wasser
2 EL kaltgepreßtes Öl
1 Prise Meersalz

2. Molkosandressing
1 EL Molkosan
2 EL Wasser
2 EL kaltgepreßtes Öl
½ EL Tamari
Vorschlag zum Würzen
1 gepreßte Knoblauchzehe
½ TL Basilikum
½ TL Estragon oder ½ TL Majoran

3. Zitronendressing
2 EL Zitronensaft
3 EL Wasser
2 EL kaltgepreßtes Öl
½ TL Kräutersalz
Vorschlag zum Würzen
2 EL fein gehackte frische Würzkräuter

4. Mebosiessig
3 Mebosipflaumen
2 dl Wasser

Die Mebosipflaumen einige Minuten in Wasser kochen. Sobald sie abgekühlt sind, die Kerne entfernen. Dieser »Essig« kann im Kühlschrank mindestens eine Woche aufbewahrt werden.

Zu einer Salatsoße werden gemischt:
2–3 EL Mebosibrühe
2 EL kaltgepreßtes Öl oder Tahin
½ EL Tamari
einige EL fein gehackter Dill, Petersilie oder Schnittlauch

5. Misodressing
1–2 EL Miso
2 EL Apfelsaft
1 EL Zitronensaft
3 EL Wasser
2 EL gehackte Walnüsse

6. Milchgesäuertes Salatdressing
¾ dl Sauerkrautsaft oder Brühe von gesäuerter Gemüsemischung
1–2 EL Öl
1 TL zerriebenes Basilikum

7. Tahindressing
2 EL Tahin (mit etwas Wasser zu einer Creme verrührt)
½ EL Molkosan oder
1 EL Zitronensaft
evtl. 1 EL kaltgepreßtes Öl
Tamari und Basilikum nach Belieben

8. Sesamsamensoße
1 dl Sesamsamen (geschält oder ungeschält)
2 dl Wasser
1 TL Majoran oder Oregano
1–2 Knoblauchzehen
½ dl Zitronensaft
Tamari oder Kräutersalz nach Belieben

Den Sesamsamen zuerst trocken, dann nach und nach mit Wasser im Mixer verarbeiten. Ungeschälter Sesamsamen muß gut gewaschen werden. Abschmecken.

Salatsoßen mit saurer Sahne oder Quark

9. Schnittlauchsoße
2 dl saure Sahne
1 dl fein gehackter Schnittlauch
½ TL Paprikapulver
½ TL Basilikum
Kräutersalz oder Tamari nach Geschmack

10. Kräuterdressing
1 dl saure Sahne
1 dl saure Milch
1 TL körniger Salzersatz
½ TL zerriebener Kümmel oder Dillsamen
3 EL fein gehackte Wildkräuter

11. Meerrettichdressing
2 dl saure Sahne
1 grob geraspelter Apfel
2 TL frisch geriebener Meerrettich oder, nach Geschmack, mehr
2 EL gehackter Dill
1 EL Zitronensaft
1 Prise Meersalz

Ein besonders gutes Dressing zu Roten Beten und anderem geriebenem Wurzelgemüse

12. Kräuter-Weißkäse
1 dl Weißkäse (oder selbstgemachter Quark, S. 162)
1 dl saure Milch
1 dl fein gehackte Würzkräuter verschiedener Art (Petersilie, Dill, Schnittlauch, Borretsch, Zitronenmelisse, Majoran, Estragon)
2 TL Tamari

13. Knoblauchquark
1 dl selbstgemachter Quark (oder Weißkäse)
1 dl Joghurt
½ TL zerriebener Kümmel oder Dillsamen
1 gepreßte Knoblauchzehe
1 EL kaltgepreßtes Öl
Kräutersalz

Tips
Für Vegetarier können Weißkäse, Quark usw. durch gerührtes Tofu mit etwas Zitronensaft ersetzt werden. Zerkleinerte Sonnenblumenkerne (siehe oben) geben ebenfalls ein gutes und kräftig schmeckendes Dressing.

---

14. Sojamayonnaise
3 EL Vollsojamehl (entbittert; nicht zu Hause gemahlen)
2 EL Wasser
1 EL Zitronensaft
4 EL Öl
½ TL körniger Salzersatz
¼ TL fein zerriebene Senfkörner
½ TL Paprikapulver

Das Sojamehl mit Wasser und Zitronensaft im Mixer verarbeiten, Öl tropfenweise dazugeben und mit den übrigen Zutaten abschmecken. Sojamayonnaise hält sich lange im Kühlschrank.

15. Dressing von Sonnenblumenkernen
1 dl Sonnenblumenkerne
1½ dl Wasser
1 EL Molkosan
1 TL Vitam körnig (Würzkräuter)

Die Sonnenblumenkerne nach und nach mit dem Wasser und dem Molkosan im Mixer zerkleinern. Mit körnigem Salzersatz und einigen Kräutergewürzen abschmekken. Anderer Vorschlag zum Abschmecken: 1 EL Miso oder Tamari, 1 EL Tomatenpüree, Knoblauch, Kräutersalz, gehackter Dill usw. Oder anstelle von Wasser und Molkosan die Brühe von etwas sauer Eingelegtem verwenden.

Suppen

Eine gute und kräftige Suppe, gerne mit gekochtem Getreide und selbstgebackenem Vollkornbrot ergänzt, ist eine vollwertige Mahlzeit, die ebenso wärmt wie sättigt. Eine Suppe bietet auch eine gute Möglichkeit, Reste aller Art zu verwerten – sie ist einfach und schnell zuzubereiten. Man muß sich nach keinem Rezept richten, sondern kann die Phantasie frei walten lassen. Das ist es, was den Reiz allen Kochens ausmacht.
Alle Suppenrezepte sind für 4 Personen berechnet. Nimmt man als Hauptgericht nur Suppe, muß die Menge natürlich vergrößert werden. Auch das Würzen muß sich dem individuellen Geschmack anpassen.

Gemüsebouillon

Grundrezept
ca. 1 l Gemüse
2–3 l Wasser
(etwas Kombu- oder
Wakame-Algen)

Verschiedene Gemüsesorten waschen und in kleinere Stücke schneiden (Mohrrüben, Kohl, Zwiebel, Sellerie, Pastinak – oder die Reste vom Gemüseputzen verwenden). Zusammen mit einem Stück Alge etwa 45 Minuten im Wasser kochen und abkühlen lassen. Auf jeden halben Liter Brühe kann man 2 Teelöffel vegetarischen Bouillonextrakt oder 1–2 Teelöffel Tamari zusetzen.
Diese aromatische Bouillon ist reich an Vitaminen und Mineralstoffen und kann, anstatt Wasser, für Suppen und Soßen aller Art verwendet werden. Man kann sie auch zum Kochen von Reis und Getreide oder als Getränk verwenden. Im Kühlschrank hält sie sich 5 bis 6 Tage.

Grünkohlsuppe
4 Personen

1 kleine Staude Grünkohl (ca. 400 g)
1 kleingehackte Zwiebel
1 EL Öl
ca. 8 dl kochendes Wasser oder Gemüsebrühe
1 TL Basilikum
4–5 zerstoßene Pimentkörner
1 EL Miso (oder Tamari)
Kräutersalz nach Geschmack

Andicken
3 EL Buchweizenmehl, angerührt in 2 dl kalter Flüssigkeit

Den Grünkohl waschen, putzen und fein hacken oder durch den Fleischwolf drehen. Die Zwiebel in Öl anbräunen und den gehackten Kohl dazugeben, sobald die Zwiebel glasig ist. Im geschlossenen Topf bei mäßiger Wärme ca. 10 Minuten kochen. Flüssigkeit auffüllen, aufkochen und die Suppe mit

Buchweizenmehl andicken. Abschmecken.

Blumenkohlsuppe
4 Personen

1 fein gehackte, große Zwiebel
1 EL Öl
1 kleiner Kopf Blumenkohl in Röschen
2 dünn geschnittene, mittelgroße Mohrrüben
ca. 1 l kochendes Wasser
1 EL Gemüsebrühe (Paste)
2 EL Hirse
Meersalz
2 TL zerriebene Dillsamen
½ TL Majoran
1 TL Basilikum

Die Zwiebel in Öl anbräunen, die Blumenkohlröschen und Mohrrübenscheiben zusetzen und umrühren. Nach einer Weile das Wasser abgießen, Gemüsebrühe zugeben. Die Hirse erst in kaltem, dann in heißem Wasser abspülen und dazutun. Leicht salzen. Einige Minuten bzw. bis das Gemüse fertig ist, schwach kochen lassen. Mit Kräutergewürzen abschmecken. Mit fein gehackter Petersilie anrichten.

Tips
Der Geschmack der angedickten Suppen kann anstelle von süßer Sahne mit 1–2 Eßlöffeln angerührter Sesampaste (Tahin) abgerundet werden.

Erdartischockensuppe (Topinambursuppe)
4 Personen

ca. 400 g Erdartischocken (ca. 8 dl, in Scheiben geschnitten)
ca. 100 g Pastinak und etwas Knollensellerie (3 dl, in Scheiben geschnitten)
1 in Scheiben geschnittene Zwiebel
1 EL Öl
ca. 1 l kochendes Wasser
1 EL körniger Salzersatz
1 TL Liebstöckel
1 TL Basilikum
Kräutersalz nach Geschmack

Die Wurzelgemüse waschen, gut abbürsten und in Scheiben schneiden. Die Zwiebel in Öl anbräunen, das Wurzelgemüse zugeben und umrühren. Nach einer Weile mit etwas kochendem Wasser verdünnen. Bei geschlossenem Topf alles weichkochen. Im Mixer verarbeiten oder durch ein Sieb passieren. Mit dem Rest Wasser auffüllen. Aufkochen und würzen. Mit gehackter Petersilie servieren.

Zwiebelsuppe
4 Personen

4 Zwiebeln
¾ dl zerquetschter Weizen
2 EL Öl
1 l heißes Wasser + 2 TL Gemüsebrühe (Paste)
2–3 Knoblauchzehen
1 Lorbeerblatt
1 EL Zitronensaft
1 TL Majoran, evtl. Thymian, Basilikum
körniger Salzersatz nach Belieben

Die Zwiebel in Scheiben schneiden und zusammen mit dem Weizen in

Öl anbraten. Wasser und Gemüsebrühe zugeben. Die Knoblauchzehe (ganz) und das Lorbeerblatt hineinlegen. Weichkochen.
Mit Zitronensaft und Gewürzen abschmecken.
Mit Petersilie und geriebenem Käse anrichten.

Linsensuppe
4 Personen

ca. 1 dl getrocknete Linsen (einige Std. eingeweicht)
½ TL Thymian
1 EL Gemüsebrühe (Paste)
1 Stückchen Lorbeerblatt
1 Zwiebel
1 Stange Lauch
1 Mohrrübe
1 EL Öl
8–10 dl kochendes Wasser oder Molkosan von der Quarkherstellung
2 EL Molkosan
½ TL Bohnenkraut
(Meersalz oder Tamari)

Die Linsen zusammen mit Thymian, Gemüsebrühe und dem Lorbeerblatt in der doppelten Menge Wasser etwa 30 Minuten weichkochen. Währenddessen die fein geschnittenen Gemüse in Öl anschmoren. Wasser auffüllen und fertigkochen. Die gekochten Linsen zusetzen und mit Molkosan und Bohnenkraut abschmecken. Mit fein gehackter Petersilie oder Grünkohl auf dem Teller anrichten.
Wenn Molke verwendet wird, entfällt Molkosan.

Miso

Misosuppe wird in Japan mindestens einmal am Tag gegessen, entweder als Frühstück oder als Vorspeise vor einer anderen Mahlzeit. Es ist dort die gleiche, übliche Art, den Tag zu beginnen, wie es bei uns im Abendland üblich ist, eine Tasse Kaffee zu trinken. Misosuppe ist sehr stärkend, und man sagt, sie »wecke« die Lebensgeister auf, aber auf schonendere Art als der Kaffee.
Es gibt verschiedene Arten, Misosuppe zuzubereiten. Man kann sie durch verschiedene Zutaten und Zubereitungsmethoden variieren. Eine Misosuppe besteht aus vier Grundelementen: Flüssigkeit, Miso, Gemüse sowie Gewürze. Man soll den Wechsel der Jahreszeiten in der Suppenschüssel verfolgen können. Zum Beispiel kann man Zwiebeln, Lauch, Mohrrüben, Steckrüben, Pastinake, Kohl, Radieschen, Spinat, Wildkräuter, Bohnenkeime, Pilze, in geringen Mengen Wurzeln von Löwenzahn oder Kletten und Blattgemüse verschiedener Art verwenden.
Eine leichte Suppe ist als Frühstück und im Sommer gut. Im Winter und abends möchte man lieber eine kräftigere Suppe.
Die Morgensuppe wird rasch und einfach aus Misobouillon und fein geschnittenem Gemüse wie Lauch, Schnittlauch, Petersilie, Radieschen (auch den Blättern) und Meeresalgen zubereitet. Die Algen tragen wichtiges Kalzium und andere Mineralstoffe bei. Miso sollte man nicht kochen, da sonst die wertvollen Enzyme zerstört werden.

Die abendliche Suppe ist dick und saftig. Die Gemüse werden in etwas Öl angebräunt, worauf man Wasser oder Brühe zusetzt. Wenn die Suppe aufkocht, kann man etwas Nudeln oder Makkaroni mitkochen – oder man serviert die Suppe mit etwas gekochtem Getreide darin. Das Miso wird erst in die Suppe gerührt, wenn sie fertig gekocht ist.

Misobouillon
1 Person

2½ dl heißes Wasser
ca. 1 TL Miso

Das Wasser aufkochen und von der Herdplatte nehmen. Miso in einem Teil des Wassers zu einer dünnen Creme anrühren, den Rest des Wassers zugeben. Die Bouillon ist fertig.

Misobouillon mit Algen
So wie obenstehendes Rezept, doch kocht man ein Stück eingeweichte Alge einige Minuten in dem Wasser mit. Kombu-Algen benötigen eine längere Kochzeit als Wakame-Algen. Man nimmt den Topf von der Herdplatte und rührt das Miso hinein. Die Algen werden kurz abgespült und ca. 10 Minuten vor dem Kochen eingeweicht.

Misobouillon mit Gemüse
So wie obenstehendes Rezept, doch setzt man, wenn das Wasser aufkocht, fein geschnittene Gemüse in gewünschter Menge zu (z. B. Radieschen, Lauchringe, Bohnenkeime, Wildkräuter und Blattgemüse). Einige Minuten kochen. Miso zusetzen und gehackte Petersilie und/oder Schnittlauch darüberstreuen. Mit gewürfeltem Tofu servieren.

Misosuppe
4 Personen

1 Stück Alge, ca. 10 cm (Kombu oder Wakame) + 2 dl Wasser
1 in Scheiben geschnittene Zwiebel
2 dl fein geschnittene Mohrrüben
2 dl fein geschnittener Lauch
einige fein geschnittene Kohlblätter
1 EL Öl
ca. 8 dl kochendes Wasser oder Gemüsebrühe
4–6 TL Miso
1 TL Majoran

Die Algen einige Minuten einweichen und in Stücke schneiden. Die Zwiebel und die fein geschnittenen Gemüse anbräunen. Das kochende Wasser mit Algen und Brühe zugeben und bei geschlossenem Topf fertig kochen.
Die Misopaste mit etwas Wasser vermengen und in die Suppe einrühren (Miso sollte nicht kochen). Abschmecken. Evtl. mit einem Hauch Majoran würzen. Gerne mit gekochtem Getreide in der Suppe und mit Tofu anrichten. Mit Lauchringen garnieren.

Tips
Miso ist eine milchsaure Sojabohnenpaste, die reich an leichtverdaulichem und hochwertigem Protein ist. Sie hat einen saftigen Geschmack und läßt sich statt Salz anwenden. Die Haltbarkeit ist nahezu unbegrenzt (im Kühlschrank aufbewahren). Angerührtes Miso kann man als »Tischgewürz« hinstellen.

Brennesselsuppe
4 Personen

ca. 2 l frische Nesselschossen
1 fein gehackte Zwiebel
1 EL Öl
ca. 1 l Wasser
5 EL Grahammehl
1 kleine Knoblauchzehe
ca. ½ EL körniger Salzersatz oder Tamari
½ TL Majoran
Meersalz

Die Nesseln in reichlich Wasser gut abspülen. Kurz in ganz wenig leicht gesalzenem Wasser aufkochen. Die Brühe abgießen und für die Suppe aufheben. Die Nesseln auf einem Schneidbrett kleinhacken. Die Zwiebel in Öl anbräunen, die gehackten Nesseln zugeben und mit ca. 8 dl Flüssigkeit (Wasser + Nesselbrühe) auffüllen. Das Grahammehl leicht in einer Bratpfanne darren. Abkühlen lassen und mit 2 dl kaltem Wasser anrühren. Die Suppe aufkochen und mit dem Mehl andicken. Mit Knoblauch, Salzersatz oder Tamari und Majoran abschmecken. Gerne mit einigen Eßlöffeln süßer Sahne oder mit angerührter Sesampaste abrunden.

Mohrrübensuppe
4 Personen

1 fein gehackte Zwiebel
1 EL Öl
ca. 1 l geschnittene Mohrrüben
½–1 TL Curry
ca. 8 dl kochendes Wasser
1 EL Gemüsebrühe (Paste)
2 EL Grahammehl + 2 dl Wasser
1 EL Molkosan oder 2 EL Zitronensaft
Tamari oder Meersalz nach Geschmack

Zum Anrichten
1 EL frisch geriebenen Meerrettich, gemischt mit 2 dl saurer Sahne (oder Quark)

Die Zwiebel in Öl anbräunen, die Mohrrüben zusetzen und umrühren. Nach einigen Minuten das Curry darüberstreuen, einen Augenblick schmoren lassen und mit dem kochenden Wasser verdünnen. Die Gemüsebrühe hineinrühren. Bei geschlossenem Topf fertig kochen. Die Mohrrüben, sobald sie weich sind, im Mixer verarbeiten oder zerquetschen. Das Grahammehl in einer Bratpfanne ohne Fett kurz bis zum Farbwechsel darren. Abkühlen lassen und das Mehl in kaltem Wasser anrühren. Die Suppe aufkochen und damit andicken, bei Bedarf verdünnen. Mit Molkosan und Tamari oder Meersalz abschmecken. Anrichten mit Meerrettichsahne und fein gehackten Mohrrübenblättern oder Petersilie.

Lauchsuppe mit Hirse
4 Personen

2 Stangen Lauch (ca. 300 g)
1 Zwiebel
1 EL Öl
2 EL Hirse
ca. 1 l Grundbouillon oder kochendes Wasser + 1 EL Gemüsebrühe (Paste)
½ TL Liebstöckel
½ TL Basilikum
½ TL Majoran
Meersalz oder Tamari
Petersilie

Den Lauch waschen und in Ringe schneiden, die Zwiebel hacken und alles in Öl bräunen. Die Hirse erst in kaltem, dann in kochendheißem Wasser waschen. Bouillon oder Wasser auffüllen und die Hirse hineingeben. Leicht salzen. Gewürzkräuter zugeben und abschmecken. Gehackte Petersilie darüberstreuen.

Gesäuerte Roggensuppe
4 Personen

ca. 7 dl Wasser
1–2 Knoblauchzehen
1 EL Tamari oder Miso
1 EL Tahinpaste
1 TL Basilikum
(1 TL Dillsamen)
evtl. Meersalz

Vorher ansetzen
1¼ dl Roggenmehl, am besten frisch gemahlen, in 3 dl Wasser zu einer Mehlsuppe anrühren. Bei Zimmertemperatur etwa 2 Tage zugedeckt stehen lassen, bis der Teig gesäuert ist (milchsauer vergoren). Zwischendurch einige Male umrühren.

Das Wasser aufkochen, den ausgepreßten Knoblauch zugeben und mit dem Schneebesen hineinschlagen. Die Suppe kurz aufkochen lassen und mit Tamari oder Miso und Gewürzen abschmecken, mit mehr Knoblauchsaft, falls gewünscht.
Die Tahinpaste in etwas Suppe anrühren und zugeben oder 1 Eßlöffel kaltgepreßtes Öl hineinschlagen. Mit Basilikum würzen. Bei Bedarf verdünnen. Mit fein gehackter Petersilie und in Scheiben geschnittenen Radieschen im Suppenteller servieren.

Tomatensuppe
4 Personen

2 in Scheiben geschnittene Zwiebeln
1 EL Öl
500–600 g Tomaten, geviertelt
1 Lorbeerblatt
ca. 8 dl kochendes Wasser

Andicken
2 EL Buchweizen- oder Grahammehl + 2 dl Wasser
1 TL Basilikum
½ TL Bohnenkraut
½ TL Liebstöckel
1 EL körniger Salzersatz oder Meersalz nach Belieben
1 EL fein gehacktes frisches oder 1 TL getrocknetes Sellerieblatt

Die Zwiebel in Öl anbräunen und glasig werden lassen. Die Tomaten und das Lorbeerblatt dazulegen. Unter Umrühren schmoren, bis die Flüssigkeit verschwunden ist. Mit 1 dl heißem Wasser verdünnen, einkochen lassen. Das Ganze einmal wiederholen. Dann mit dem Rest des heißen Wassers auffüllen.

Aufkochen und die Suppe mit in kaltem Wasser angerührtem Mehl andicken. Gerne das Grahammehl vorher darren. Mit Würzkräutern und Meersalz abschmecken. Etwas Grünes auf den Teller streuen.
Anstatt die Suppe mit Mehl anzudicken, kann man auch einige Eßlöffel Hirse mitkochen.

Erbsensuppe mit Gemüse
ca. 6 Personen

4 dl gelbe Erbsen
(Wasser und Salz zum Einweichen)
1 EL Gemüsebrühe (Paste)
1 TL Senfkörner
evtl. 1 getrocknetes Lorbeerblatt
ca. 1½ l Wasser
1 in Scheiben geschnittene Zwiebel
4 dl kleine Möhrenwürfel
1 dl in Streifen geschnittener Lauch
2 mittelgroße Kartoffeln in Würfeln
2 EL Öl
1 TL Majoran
½ TL Thymian
Meersalz

Die Erbsen mindestens 12 Stunden in 1 l Wasser mit 1 Eßlöffel Salz einweichen. In frischem Wasser zusammen mit der Gemüsebrühe und Senfkörnern (eventuell 1 Lorbeerblatt) aufsetzen. Etwa 1½ Stunden kochen, bis sie weich sind (45 Minuten im Schnellkochtopf). Zwiebel, Gemüse- und Kartoffelwürfel in Öl anbräunen. Falls notwendig, etwas Wasser zusetzen und bei geschlossenem Topf weichschmoren. Mit den fertigen Erbsen mischen, würzen und abschmecken. Mit Petersilie oder gehackten Wildkräutern auf dem Teller servieren.

Grüne Erbsenpüreesuppe
4 Personen

3 dl getrocknete grüne Erbsen
(Wasser und Salz zum Einweichen)
1 TL Senfkörner
1 l Wasser
Meersalz
1 kleine Zwiebel
1 Mohrrübe
½ Stange Lauch
1 EL Öl
1 EL körniger Salzersatz
½ TL Bohnenkraut
1 TL Majoran

Zum Anrichten
2 dl saure Sahne oder Quark
2 TL frisch geriebener Meerrettich
fein gehackte Petersilie

Die Erbsen mindestens 12 Stunden in 1 l Wasser mit 1 Eßlöffel Salz einweichen. In frischem Wasser mit dem Senfsamen aufsetzen und weichkochen.
Die Zwiebel hacken. Die Mohrrübe und den Lauch schneiden und alles in Öl anbräunen. Die gekochten Erbsen im Mixer verarbeiten oder sie passieren und das Gemüse dazugeben. Bei Bedarf verdünnen. Würzen und abschmecken. Mit Meerrettichsahne und gehackter Petersilie servieren.

Estnische Sauerkrautsuppe
4 Personen

1 in Scheiben geschnittene Zwiebel
1 in Scheiben geschnittene Möhre
1 Stück in Ringe geschnittener Lauch
2 EL Öl
3 dl gehacktes Sauerkraut und Brühe
1 Lorbeerblatt
ca. 1 l Wasser
2 EL ganzer Buchweizen
1 EL Tamari oder Miso
1 TL zerriebener Kümmel

Die Zwiebel und das Gemüse in Öl anbräunen, Sauerkraut und Lorbeerblatt hineinlegen. Mit kochendem Wasser auffüllen und den Buchweizen dazugeben. Im geschlossenen Topf alles weichkochen. Abschmecken mit Tamari oder Miso und Kümmel. Mit gehackter Petersilie anrichten.

Rote-Bete-Suppe
4 Personen

1 Zwiebel
1 EL Öl
ca. 4 dl grob geriebene Rote Bete
1 dl grob geriebene Möhren
1 dl grob geriebener Pastinak
1 l kochendes Wasser + 2 EL Molkosan (oder Wasser und Molke von der Quarkherstellung, milchsaure Gemüsebrühe usw.)
1 Lorbeerblatt
1 EL Gemüsebrühe (Paste)
2 EL ganzer Buchweizen
1 TL zerriebener Kümmel
1 TL Basilikum
Meersalz oder Tamari
2 EL fein gehackte Petersilie zum Servieren

Die Zwiebel in Öl anbräunen, die grob geriebenen Gemüse zusetzen und umrühren. Wasser auffüllen, das Lorbeerblatt und Gemüsebrühe hineintun. Die Hirse dazugeben, die Suppe ca. 10 Minuten, bis die Gemüse fertig sind, langsam kochen lassen. Eventuell mit mehr Saurem und Gemüse abschmecken. Mit einem Klacks Quark oder saurer Sahne auf dem Teller anrichten. Falls nötig, die Suppe verdünnen (siehe Farbbild S. 99).

Tips
Anstelle von saurer Milch oder Quark kann man geschlagenes Tofu nehmen (S. 162), abgeschmeckt mit etwas Zitronensaft, frisch geriebenem Meerrettich, Tamari usw. Oder man schneidet das Tofu in Würfel und verwendet es anstelle von Eivierteln an der Brennesselsuppe oder dergleichen.

Rote-Bete-Suppe mit saurer Sahne. Im Vordergrund Alfalfa- und Azukibohnenkeime, Löwenzahnblätter und Piroggen.

Warme Gerichte

Durch alle Zeiten hat Getreide den Menschen begleitet und war seine wichtigste Nahrungsquelle. Um aber eine vollwertige Nahrung zu erhalten, benötigen wir das *ganze* Getreidekorn und nicht nur den mineral-, vitamin- und faserstoffarmen Mehlkörper, aus dem das weiße Mehl besteht.
Hat man aufgehört, Fleisch und Fisch zu essen, ist man nicht länger abhängig von der Kartoffel als Nahrungsmittel und kann sich statt dessen daran gewöhnen, sie durch Getreidegerichte zu ersetzen. Da die verschiedenen Getreidearten dem Körper unterschiedliche Stoffe zuführen, sollte man sie in der Kost abwechselnd verwenden (Roggen ist reich an Kalisalzen, Weizen an Kalksalzen, Gerste an Kieselsäure und Hafer an Magnesiumsalzen).
Mit etwas Planung und Vorbereitung können Gerichte aus Getreide schnell und einfach zubereitet werden. Um die Kochzeit zu verkürzen, sollte man das Getreide immer einweichen oder darren.
Das Getreide ergänzt man mit Würzkräutern, da es nur eine schwach entwickelte Blüte hat und ihm der ausgeprägte aromatische Duft fehlt. Gewürzkräuter wie Koriander, Dillsamen, Majoran, Thymian, Basilikum, Rosmarin, Ysop, Liebstöckel und Sellerieblätter eignen sich dazu.
Man setzt 3 bis 4 Würzkräuter im richtigen Verhältnis aber erst dann zu, wenn das Getreide gekocht ist, damit sich das Aroma beim Kochen nicht verflüchtigt. Man versuche dabei, sein Gefühl anzuwenden und zu entwickeln, um ein gutes und brauchbares Ergebnis zu bekommen.
Getreide und *Salz* gehören seit alters zusammen. Salz und Brot waren in allen Kulturen ein heiliges und geachtetes Symbol für das Leben. Durch eine Prise Meersalz am Getreide bringt man das Aroma der *Gewürzkräuter* stärker zum Ausdruck. Das Salz verbindet die verschiedenen Aromastoffe und vermittelt den Speisen einen abgerundeten und angenehmen Geschmack, doch sollte es natürlich immer *sparsam* verwendet werden.

Das Kochen von ganzem Getreide

Alle Getreidearten können wie Reis gekocht werden, aber Weizen, Roggen, Gerste und Hafer sollten, um die Kochzeit zu verkürzen, gedarrt oder vorgequollen werden. Hafer und Roggen werden am besten gedarrt.

Das Getreide wird in reichlich Wasser gut gespült. 6 bis 10 Stunden in 2- bis 3mal soviel Wasser einweichen. Das Getreide im Einweichwasser aufsetzen und fertig kochen. Gegen Schluß Meersalz und Gewürze zusetzen. Falls notwendig, während des Kochens Wasser nachfüllen. Sollte zuviel Wasser übrigbleiben, kann es abgeseiht und für andere Gerichte verwendet werden, wie z. B. für Suppen und Soßen, oder man läßt es bei abgenommenem Deckel verkochen.

Darrt man das Getreide vor dem Kochen, wird es erst gewaschen und muß dann gut abtropfen. Es wird auf einem Backblech ausgebreitet und bei 60 bis 80° etwa 1 Stunde in den Ofen gestellt bzw. so lange, bis sich das Getreide spröde und trocken anfühlt und eine schwach gelbe Farbe bekommt – nicht braun rösten. Die Backofentür muß etwas geöffnet sein, damit der Dampf abziehen kann. Ab und an umrühren. Man kann die Nachwärme beim Backen ausnutzen, um eine größere Menge Getreide zu darren (siehe auch S. 183).

Hirse muß zuerst in kaltem Wasser gewaschen und dann mit heißem Wasser abgespült werden, um verschiedene Bitterstoffe (Saponine) zu entfernen.

Buchweizen wird in kochendheißem Wasser gespült oder auch blanchiert. Damit beseitigt man einen roten Farbstoff (Fagopyrin), der bei empfindlichen Menschen Allergien hervorrufen kann. Will man das Mehl von ganzem Buchweizen mahlen, geht man genauso vor, trocknet aber den Buchweizen vor dem Mahlen bei schwacher Wärme im Ofen.

Hirse, Reis, Hafer und **Buchweizen** werden am besten, wenn man sie zuerst ca. 10 Minuten kocht und dann etwa 1 Stunde in der Kochkiste oder einer Warmhaltetasche nachquellen läßt. (Buchweizen und Hirse werden in 15 bis 20 Minuten weich, am besten werden sie aber, wenn man sie ordentlich quellen läßt.)

Die härteren Getreidearten wie **Weizen, Roggen** und **Gerste** werden ca. 45 Minuten gekocht. Das Wasser kann nach und nach zugesetzt werden, doch darf man nicht zu früh salzen, sonst wird das Getreide hart. Man läßt es etwa 1 Stunde in der Kochkiste quellen oder hüllt den Topf in eine Decke ein.

Grundrezepte

Gekochter ganzer Buchweizen
4 Personen

2 dl ganzer Buchweizen
4 dl Wasser
½ TL Meersalz

Den Buchweizen mit kochendheißem Wasser abspülen und mit der doppelten Menge kaltem Wasser ansetzen. Beim Aufkochen salzen und die Wärme drosseln. Bei geschlossenem Topf ca. 20 Minuten quellen lassen (Achtung! Kocht leicht über). Oder man geht wie oben erwähnt vor.

Hirse
4 Personen

2 dl Hirse
4–5 dl Wasser
½ TL Meersalz oder 2 TL Tamari

Die Hirse zuerst in kaltem, dann in kochendheißem Wasser waschen, dadurch verschwindet der etwas bittere Geschmack. In kaltem Wasser aufsetzen. Beim Aufkochen das Meersalz zugeben und die Wärme herabsetzen. Bei geschlossenem Topf ca. 20 Minuten quellen lassen. Oder wie oben erwähnt verfahren.

Serviertips
Die Hirse in eine mit Wasser ausgespülte Ringform geben und in eine Schüssel stürzen, mit angeschmortem oder gekochtem Gemüse umlegen.

Tips
Beim Kochen von Getreide ist es wichtig, die Getreidekörner sacht quellen zu lassen, bis sie anfangen aufzuspringen. So können sie gut verdaut werden. Sie dürfen niemals stark kochen.

Unbehandelter Reis
4 Personen

2 dl unbehandelter Reis
4 dl Wasser
½ TL Meersalz

Den Reis in reichlich Wasser gut abspülen. Mit der doppelten Menge Wasser (kalt) aufsetzen und 10 Minuten kochen lassen. Meersalz zufügen und Wärme drosseln. Den Reis bei geschlossenem Topf ca. 45 Minuten quellen lassen. Nicht im Topf umrühren. (Einweichen über Nacht verkürzt die Kochzeit um die Hälfte.)

Gerste, wie Reis gekocht
4 Personen

2 dl ganze Gerste
4 dl Wasser
½ TL Meersalz

Das Getreide muß entweder eingeweicht oder gedarrt sein. Ungefähr 1 Stunde im geschlossenen Topf bei schwacher Wärme kochen, bzw. bis die Körner aufgesprungen sind. Am Schluß das Meersalz zufügen. Gerne nachquellen lassen.

Hafer, wie Reis gekocht
4 Personen

4 dl ganzer Hafer
6 dl Wasser
½ TL zerstoßener Koriander
1–2 TL Tamari

Der Hafer wird gewaschen und bei 100 bis 125° gedarrt, bis er sich spröde und trocken anfühlt und goldgelb zu werden beginnt. (Hafer wird am besten, wenn man ihn darrt, gerne bei höheren Temperaturen als die übrigen Getreidearten.) In 1½ mal soviel Wasser zusetzen. Ca. 15 Minuten sacht kochen. Würzen. Den Topf warm einhüllen und den Hafer etwa 1 Stunde quellen lassen.

Weizen, wie Reis gekocht
4 Personen

3 dl ganzer Weizen
6 dl Wasser
ca. ½ TL Meersalz
(Würzkräuter nach Geschmack)

Den Weizen waschen und in der doppelten Menge Wasser etwa 10 Stunden einweichen. Bei geschlossenem Topf in dem Einweichwasser mit schwacher Wärme kochen, bis die Körner anfangen, aufzuspringen (eine gute Stunde). Damit er richtig weich wird, den Weizen nachquellen lassen.
Zu warmen Gerichten kann man gegen Ende würzen, z. B. mit ½ TL Majoran, Thymian oder Basilikum und etwas Meersalz oder vegetarischem Bouillonextrakt. Als Nachtisch nur mit einer Prise Meersalz würzen.

Roggen, wie Reis gekocht
4 Personen

3 dl ganzer Roggen
6 dl Wasser
½ TL Meersalz
(Thymian)

Den Roggen darren und mit der doppelten Menge kaltem Wasser aufsetzen. Bei schwacher Wärme und geschlossenem Topf ca. 1 Stunde kochen, bzw. bis die Körner aufzuspringen beginnen. Meersalz und eventuell ½ Teelöffel Thymian zugeben. Den Topf in eine Decke packen und den Roggen etwa 1 Stunde nachquellen lassen.

Selbstgemachte Nudeln (Makkaroni)
½ dl Kichererbsenmehl oder 1 Ei
4 dl gesiebtes Grahammehl
½ TL Meersalz
heißes Wasser
2 EL Olivenöl

Das Kichererbsenmehl oder das Ei wird mit dem gesiebten Grahammehl (die Kleie zum Backen usw. verwenden) und dem Meersalz gemischt. Das heiße Wasser nach und nach zusetzen und einen geschmeidigen Teig machen. Mindestens 15 Minuten gut kneten, bis der Teig richtig elastisch ist. Auf einem mit Mehl bestrichenen Knetbrett papierdünn ausrollen und den Teig 10 Minuten ruhen lassen. Es ist wichtig, daß der Teig *gleichmäßig* ausgerollt wird. Den Teig in 5 cm breite Streifen schneiden. Die Streifen aufeinanderlegen, ein wenig Mehl zwischen jede Lage streuen. Danach quer in 1 cm breite Streifen schneiden. Sollten die Nudeln nicht gleich gekocht werden, kann man sie bei schwacher Wärme im Ofen bei angelehnter Ofentür trocknen. Wenn sie richtig trocken sind, lassen sie sich in einer geschlossenen Büchse lange aufbewahren.

Kochen
Wasser aufkochen, salzen (2 Eßlöffel Meersalz auf 2 l Wasser) und die Nudeln einlegen. Ca. 15 Minuten sacht sieden lassen. In ein Sieb geben und kurz mit kaltem Wasser abspülen, sie dann mit 1 Eßlöffel Öl wieder aufwärmen. Das Kochwasser zur Suppe oder zum Backen aufheben.

Mais (Polenta)
4 Personen

9 dl Wasser
1 EL körniger Salzersatz
1 TL Majoran
(oder eine Messerspitze geriebener Muskat)
ca. 4 dl Polenta (300 g)

Das Wasser aufsetzen und die Gewürze zugeben. Die Polenta mit dem Schneebesen einrühren. Unter ständigem Umrühren ca. 10 Minuten zu einer dicken Masse kochen. Die Wärmezufuhr abstellen und ca. 20 Minuten nachquellen lassen.

Serviertips
Die Polenta in eine mit Wasser ausgespülte Ringform geben und umstürzen, mit Gemüse und einer Soße anrichten. Oder die Masse ca. 2 cm dick auf einem eingefetteten Blech ausstreichen. Erkalten lassen und in viereckige Stücke schneiden, die von beiden Seiten leicht angebraten werden.
Mit Pilzsoße servieren.

Quetschweizen oder Graupen
4 Personen

3½ dl grob gequetschter Weizen oder Graupen
¾–1 l Wasser
1 TL Meersalz (oder 2 TL Tamari)
1 TL geriebener Koriander

Wasser mit dem gequetschten Getreide aufkochen, salzen. Bei schwacher Wärme ca. 30 Minuten sieden lassen. Ab und an umrühren. Falls nötig, mehr Wasser zusetzen. Würzen. Eine weitere halbe Stunde quellen lassen.
Das Getreide kann auch vorher gedarrt werden.

Getreidegerichte

Weizenpilaw
4 Personen

4 dl Weizen (ca. 8 Stunden eingeweicht)
8 dl Wasser + 1 EL Gemüsebrühe (Paste)
2 Zwiebeln (oder Zwiebel und Lauch)
2 EL Öl
2 dl grob geriebener Knollensellerie
3 dl grob geriebene Mohrrüben
3 dl geschnittener Krautkopf
2 dl Linsenkeime oder andere Keime
3–4 frische Pilze (oder eine Dose gemischte Pilze)
1 TL Basilikum
½ TL Majoran
Meersalz/Tamari

Den eingeweichten Weizen in der Bouillon nach dem Grundrezept von S. 102 kochen. Die Zwiebel in Öl anbräunen, Gemüse und Pilze zugeben. Leicht salzen und das Ganze bei mäßiger Wärme im geschlossenen Topf kochen. Falls notwendig, eine Kleinigkeit Wasser zugießen. Die Gemüse mit dem gekochten Weizen und den Linsenkeimen mischen und mit den Würzkräutern, eventuell mit Tamari, abschmecken. Etwas Grünes darüberstreuen und mit roten Paprikastreifen garnieren.
Man kann das Gericht mit verschiedenen Gemüsearten variieren, oder man mischt es mit gekochten weißen Bohnen, Kichererbsen oder Linsen.

Gemüseeintopf mit Getreide
4 Personen

3 dl gequetschtes Getreide (Weizen oder Graupen)
1 in Scheiben geschnittene, große Zwiebel
1 l gemischtes Wurzelgemüse in kleinen Würfeln
2 EL Öl
1 l Grundbouillon
oder Wasser mit Gemüsebrühe (Paste)
½ TL Majoran
½ TL Thymian
¼ TL Rosmarin
1 TL Basilikum
1 TL Miso

Das Getreide in einer Eisenpfanne ohne Fett bis zu einer leichten Farbveränderung darren. Die Zwiebel und das Wurzelgemüse anbräunen. Getreide und Bouillon zufügen. Bei schwacher Wärme ca. 30 Minuten kochen. Mit zerriebenen Würzkräutern und angerührter Misopaste abschmecken. Gehackte Petersilie darüberstreuen. Eventuell mit 2 dl grünen Erbsen mischen.

Spanischer Reis
4 Personen

3 dl unbehandelter Reis
2 EL Olivenöl
2 Zwiebeln oder
1 Zwiebel + 1 Stange Lauch
3 Tomaten, geviertelt
½ TL Curry oder Paprikapulver
5 dl Wasser
2 TL Gemüsebrühe (Paste)
2 gepreßte Knoblauchzehen
1 Lorbeerblatt
2 dl grüne Erbsen oder gekeimte Mungbohnen

Den Reis waschen und abtropfen lassen, in Olivenöl anbräunen. Die gehackte Zwiebel und die Tomatenviertel zugeben. Curry oder Paprikapulver darüberstreuen und einige Minuten schmoren. Mit Wasser und Gemüsebrühe auffüllen, Knoblauch und Lorbeerblatt, evtl. etwas Meersalz hinzufügen. Bei geschlossenem Topf mit schwacher Wärme 40–45 Minuten kochen. Die grünen Erbsen oder die gekeimten Mungbohnen dazumischen. Fein gehacktes Grün darüberstreuen.

Selleriegratin mit Graupen
4 Personen

3½ dl Graupen
1 l Wasser
1 TL Meersalz
1 TL Basilikum
½ TL Thymian
6 dl grob geriebener Knollensellerie
6 dl in Streifen geschnittener Lauch
2 EL Öl
körniger Salzersatz oder Tamari nach Belieben
1 dl gemahlene Nüsse

Die Graupen bei schwacher Wärme im geschlossenen Topf ca. 30 Minuten in dem gesalzenen Wasser kochen. Mit Basilikum und Thymian würzen. Mindestens 15 Minuten quellen lassen. Das Gemüse in Öl anbräunen, Salzersatz oder Tamari zugeben.
Eine Gratinform einfetten und die Hälfte der gekochten Graupen hineinlegen. Das angeschmorte Gemüse darauf verteilen und mit dem Rest der Graupen bedecken. Mit Nüssen bestreuen und ca. 45 Minuten bei 200° gratinieren. Mit Sauerkraut servieren.

Im Ofen gebackene Polenta
4 Personen

9 dl Wasser
1 EL Gemüsebrühe (Paste)
4 dl Polenta (300 g)
1 in Streifen geschnittener Lauchstengel
3 EL gehackte Petersilie
je 1 TL Majoran, Basilikum, Liebstöckel
ca. 150 g geriebener Käse (oder zerquetschter Sojabohnenkäse)
1 dl Sojamehl
3 EL Öl
(Meersalz oder körniger Salzersatz nach Belieben)

Wasser und Gemüsebrühe aufkochen. Polenta mit dem Schneebesen hineinrühren und unter Umrühren 10 Minuten kochen. 20 Minuten quellen lassen. Lauch, Petersilie, Gewürze und die Hälfte des geriebenen Käses zusetzen. Das Sojamehl hineinrühren und das Öl zugeben. Abschmecken. Die Masse in eine eingefettete Form geben. Den Rest des Käses darüberstreuen. Ca. 50 Minuten bei 175° backen.
Mit Tomatensoße und grünen Blättern anrichten.

Überbackene Hirse
ca. 4 Personen

2½ dl Hirse
1 gehackte Zwiebel
2 EL Olivenöl
2 dl fein geschnittener Lauch
2 dl fein geschnittener Sellerie
3 dl fein geschnittene Möhren
3 dl Squashwürfel oder Gurken
1 gepreßte Knoblauchzehe
1 TL Basilikum
½ TL Oregano oder Majoran
1 dl Tomatenpüree Eden
ca. ¾ l Wasser
2 EL Miso
geriebener Käse zum Gratinieren
(Meersalz)

Zuerst die Hirse in kaltem Wasser waschen, dann mit kochendheißem Wasser abspülen. Im Sieb abtropfen lassen. In 1 Eßlöffel Olivenöl die Zwiebel anbräunen, die fein geschnittenen Wurzelgemüse zugeben und umrühren. Nach einiger Zeit die Squashwürfel hinzufügen, leicht salzen und noch einige Minuten schmoren. Knoblauch und Wurzelkräuter zugeben.
Eine feuerfeste Form von ca. 2 l einfetten und die Hirse einlegen. Das geschmorte Gemüse daraufgeben. Eine Bouillon aus Tomatenpüree, Wasser und angerührtem Miso machen und darübergießen. Die Form bei 225° ca. 20 Minuten in den Ofen setzen. Die Wärme erhöhen und den geriebenen Käse darüberstreuen. 10 Minuten gratinieren.

Buchweizengratin
4 Personen

2½ dl ganzer Buchweizen
1 gehackte Zwiebel
1 fein geschnittene Stange Lauch
2 grob geriebene Möhren
1 grob geriebener Knollensellerie
200 g in Streifen geschnittener Krautkopf oder ein anderes Gemüse
1 EL Olivenöl
1 TL Paprikapulver
1 TL Oregano
1 TL Basilikum
1 TL Meersalz
7 dl heißes Wasser
1 EL Gemüsebrühe (Paste)

Zum Gratinieren
in Scheiben geschnittene Tomaten
und geriebener Käse

Den Buchweizen in kochendheißem Wasser waschen und abtropfen lassen. Eine feuerfeste Form von ca. 2 l einfetten und den Buchweizen hineingeben. Die Zwiebel und Gemüse in Öl leicht anbräunen, würzen. Das angebräunte Gemüse auf den Buchweizen legen. Eine Bouillon aus Wasser und Gemüsebrühe machen und darübergießen. Die Form bei 225° 25 Minuten in den Ofen stellen.
Die Wärme auf 275° erhöhen und die Tomatenscheiben und den geriebenen Käse darauflegen. Ca. 10 Minuten gratinieren. Mit verschiedenen Gemüsen variieren, z. B. mit Paprika, Pilzen, Blumenkohlröschen, Squash, Blattgemüse, Wildkräutern.

Makkaronigratin
4 Personen

200 g Vollkornmakkaroni
Wasser, Meersalz
1 fein gehackte Zwiebel
2 dl in Streifen geschnittener Lauch
4 dl Mohrrübenwürfel
2–3 dl Blumenkohlröschen oder Schwarzwurzelwürfel
1 dl Pastinakwürfel
2 EL Olivenöl
2 EL Miso
1 TL Basilikum
1 TL Liebstöckel
in Scheiben geschnittene Tomaten
Salbei
Parmesankäse

Die Makkaroni nach der Anweisung auf dem Paket in leicht gesalzenem Wasser weichkochen. Die Zwiebel und die Gemüsewürfel in Öl anbräunen und bei mäßiger Wärme im geschlossenen Topf leicht kochen lassen, bis sie gerade fertig sind. Die Misopaste mit etwas Makkaroniwasser anrühren und über die Gemüse gießen. Die gekochten Makkaroni untermischen, mit Basilikum und Liebstöckel würzen. Alles in eine eingefettete Form geben. Zuoberst eine Schicht Tomatenscheiben legen. Etwas geriebenen Salbei und Parmesankäse darüberstreuen. Ca. 10 Minuten bei 225° gratinieren.

Tips
Alternativen zu geriebenem Käse beim Gratinieren:
1. *Hüttenkäse, evtl. mit einigen Teelöffeln Öl angerührt, mit Tamari abgeschmeckt*
2. *Vegetarisches Gratinieren:*
   a) gemahlene Nüsse
   b) im Mixer verarbeiteter Sesamsamen (evtl. die Reste von Sesammilch), mit Zwiebelkrümeln gemischt. Mit Salzersatz und Paprikapulver abschmecken.
   c) Tofu

Lasagne
4–6 Personen

300 g Vollkornlasagne
(Die Lasagneplatten werden gemäß Anweisung auf der Packung vorgekocht.)

Gemüsemischung
2 große, gehackte Zwiebeln
1 in Streifen geschnittener Paprika
½ Gurke oder Zucchini in Würfeln
1 grob geriebene Mohrrübe
1 kleines Stück grob geriebener Sellerie
2 EL Öl
1 Dose Tomaten (400 g) oder entsprechend frische
2 EL Tomatenpüree
2 gepreßte Knoblauchzehen
½ EL körniger Salzersatz
1 TL Paprikapulver
1 TL Oregano
1 TL Basilikum
(Meersalz)

Käsesoße
4 EL gedarrtes Gerstenmehl
5 dl Wasser
½ TL Meersalz
Muskat
3 dl geriebener Emmentaler Käse
2 EL Sesampaste und etwas Wasser

In einer gußeisernen Pfanne Zwiebel und Gemüse in Öl anbräunen, Tomaten, Tomatenpüree, Knoblauch, Salzersatz und Paprikapulver zugeben. 10 Minuten schwach kochen lassen. Abschmecken, Oregano und Basilikum darangeben.
Das Mehl mit dem Schneebesen in Wasser einrühren, bis es eine glatte Mehlschwitze ist. Unter Umrühren aufkochen und würzen, einige Minuten kochen. Die Hälfte des Käses und die angerührte Sesampaste hinzufügen. Eine Form (20 × 30 cm) einfetten. Die Teigplatten abwechselnd mit dem Gemüse und der Käsesoße übereinanderschichten. Oben darauf Käsesoße. Den übrigen Käse darüberstreuen und gratinieren.

Tips
Variation von Lasagne mit Gemüse: Mit gekochten Linsen mischen und als »Spaghettisoße« servieren.

Gefüllte Paprika
4–6 Personen

2 dl Buchweizen oder unbehandelter Reis
4 dl Wasser
1 TL Gemüsebrühe (Paste)
6 Paprika
1 große, gehackte Zwiebel
2 EL Öl
1 l frische, gehackte Pilze
Tamari und Kräutersalz nach Belieben
1–2 gepreßte Knoblauchzehen
3 EL gehackte Petersilie
2 dl geriebener Käse oder Hüttenkäse

Buchweizen mit Gemüsebrühe in der doppelten Menge Wasser entsprechend Grundrezept (S. 102) kochen. In die Paprika einen Deckel schneiden und die Kerne entfernen. Die Paprika einige Minuten in leicht gesalzenem Wasser aufkochen und dann umgedreht hinstellen, damit sie abtropfen können. Die abgeschnittenen Deckel kleinschneiden und mit der Zwiebel in Öl anbräunen, die Pilze zufügen und alles einige Minuten weiterschmoren. Tamari, eventuell etwas Kräutersalz und eine gepreßte Knoblauchzehe darangeben. Die geschmorten Pilze mit dem gekochten Buchweizen und der Petersilie mischen. Abschmecken und alles in die Paprika füllen. Geriebenen Käse darüberstreuen oder Hüttenkäse darauflegen und bei 225° ca. 25 Minuten im Ofen gratinieren. Mit einer Tomatensoße anrichten.

Roggengratin in der Tonform
4 Personen

500 g gekochter Roggen
4 EL Hüttenkäse
3 EL Öl
4 EL geriebener Emmentaler Käse
1 TL Meersalz
1 TL körniger Salzersatz
1 TL Paprikapulver
1 TL Basilikum
½ TL fein zerstoßener Kümmel

Einen Römertopf ca. 15 Minuten in Wasser stellen. Den Roggen mehlfein mahlen oder die Körner ganz lassen. Alle Zutaten zu einer nicht zu festen Masse vermischen. Den Topf abtrocknen und einfetten, die Masse hineingeben und den Deckel schließen. In den *kalten* Ofen stellen, bei 220° ca. 1 Stunde backen. Mit einem beliebigen Gemüsegericht und Sauerkrautsaft servieren.

Kohlfrikadellen
4 Personen

1 Zwiebel
2 EL Öl
300 g gekochten, fein geschnittenen Weißkohl
1½ dl Grahammehl
¾ dl Buchweizenmehl
1 EL körniger Salzersatz
½ TL Majoran
½ TL Basilikum
½ TL zerstoßener Kümmel

Die Zwiebel kleinhacken und leicht in Öl anbräunen. Mit den übrigen Zutaten zu einem festen Teig vermischen und Frikadellen formen. In kochendes Salzwasser legen (1 Eßlöffel Meersalz auf 1 l), 15 Minuten vorsichtig sieden lassen. Mit Meerrettich- oder Currysoße servieren.

Vollkornfrikadellen
4 Personen

4 dl grob gequetschter Weizen
8 dl Wasser
2 TL Gemüsebrühe (Paste)
1 große, fein gehackte Zwiebel
1 TL Basilikum
½ TL Majoran
½ TL zerriebener Koriander
2 EL Hefeflocken
1 EL Tamari
4 EL Sojamehl
(Meersalz)
Öl

Den gequetschten Weizen ca. 6 Stunden in Wasser einweichen. Ca. 20 Minuten mit Gemüsebrühe kochen. Ab und an umrühren. Mindestens 10 Minuten quellen lassen. Die angeschmorte Zwiebel, Gewürze, Hefeflocken, Tamari und Sojamehl daruntermischen. Aus dem gut gemischten Teig ovale Küchlein formen. In wenig Olivenöl vorsichtig von beiden Seiten braten, zuerst eine Probe machen, und abschmekken.
Dazu gekochtes Gemüse und Salat servieren.

Tips
Alle vegetarischen Frikadellen können auch auf einem eingefetteten Blech im Ofen (ca. 200°) so lange gebacken werden, bis sie auf der Unterseite etwas Farbe bekommen. Man spart dabei Fett und vermeidet den Bratgeruch.

Vollkornfrikadellen mit Rosenkohl. Im Hintergrund Rote-Bete-Salat mit Sauerkraut und Pilzsoße.

Haferpudding
4 Personen

500 g gekochter, ganzer Hafer
200 g Hüttenkäse
3 EL Öl
1 TL Anis
1 TL Fenchel
1 TL Basilikum
1 TL Meersalz
Öl und Weizenkeime für die Form

Den gekochten Hafer gröber oder feiner mahlen und mit Hüttenkäse und Öl zu einer Masse mischen. Die Gewürze im Mörser zerreiben, dazugeben und salzen.
Eine feuerfeste Form einfetten und mit Weizenkeimen bestreuen. Die Masse hineingeben. Die Form in einen zur Hälfte mit warmem Wasser gefüllten, feuerfesten Topf stellen. In den Ofen setzen und im Wasserbad bei 200° eine Stunde kochen. Den Pudding 10 Minuten stehen lassen und in eine Schüssel umstürzen. Mit einer passenden Soße servieren.

Hirseburger
4 Personen

1 fein gehackte Zwiebel
2 EL Öl
250 g gekochte Hirse
2 dl Haferkörner
ca. 4 dl fein geschnittene oder geriebene Gemüse
1 EL körniger Salzersatz
1 TL Majoran
2 EL gehackte Petersilie

Die Zwiebel in Öl anbräunen, die Gemüse zusetzen und alles im geschlossenen Topf einige Minuten schmoren. Ab und an umrühren. Falls nötig, einige Eßlöffel Wasser zugeben. Von allen Zutaten eine Farce (Füllung) machen. Abschmecken. Küchlein formen, in Vollkornpaniermehl oder Weizenkeimen wenden. Vorsichtig von beiden Seiten in etwas Olivenöl braten oder auf einem eingefetteten Backblech bei mittlerer Wärme 30 Minuten im Ofen backen.

Haferklöße mit Quark
4 Personen

7 dl Haferkörner
200 g Hüttenkäse
2 EL Öl
½ TL zerriebener Koriander
1 EL körniger Salzersatz
1 dl Mineralwasser

Füllung
2 fein gehackte Zwiebeln
2 EL Petersilie
2 TL Tamari
5 Pimentkörner

Die Zutaten zu einer festen Masse vermischen. Kleine Klößchen formen.

Füllung
Die Zwiebel in etwas Öl anbräunen, die fein gehackte Petersilie, Tamari und die zerquetschten Pimentkörner zugeben. In die Klößchen eine Vertiefung machen, 1 Teelöffel der Füllung hineintun und wieder zusammendrücken. In kochendes Salzwasser legen und vorsichtig 10–15 Minuten sieden – zuerst eine Probe machen. Zu einem Gemüsegericht servieren, z. B. zu Kohlnituké (siehe Anhang)

Buchweizenfrikadellen
4 Personen

3 dl Buchweizen
6 dl Wasser
2 TL Gemüsebrühe (Paste)
2 EL Tomatenpüree
2 EL Haferflocken
3 EL Grahammehl
1 TL Meersalz
1 gepreßte Knoblauchzehe
1 geschmorte, gehackte Zwiebel
1 TL Basilikum
je ½ TL Majoran, Sellerieblätter, Liebstöckel

Entsprechend dem Grundrezept Seite 102 den Buchweizen mit Gemüsebrühe in Wasser kochen. Alles gründlich zu einer ziemlich festen Masse vermischen. Zu flachen Küchlein formen und vorsichtig von beiden Seiten braten, bis sie etwas Farbe angenommen haben.

Hirsotto
4 Personen

2 dl Hirse
1 gehackte Zwiebel
2 dl in Scheiben geschnittene Champignons
1 EL Öl
ca. 5 dl Wasser
2 TL Gemüsebrühe (Paste)
3 EL Tomatenpüree
2 dl grüne Erbsen
(Kräutersalz nach Belieben)

Die Hirse erst in kaltem, dann in kochendheißem Wasser waschen. Die Zwiebel und die Pilze in Öl anbräunen, die Hirse zusetzen.
Wasser auffüllen, Gemüsebrühe und Tomatenpüree zugeben. 20 Minuten sacht kochen und dann mindestens 10 Minuten quellen lassen. Die gekochten grünen Erbsen vorsichtig daruntermischen.

Gerstenkroketten
4 Personen

½ l Gemüsebouillon
2 dl grober Gerstenschrot oder gequetschte Gerste
2 dl Haferkörner
1 fein gehackte Zwiebel
1 EL Öl
1 TL Paprikapulver oder ½ TL Curry
1 TL Meersalz
2 EL Hefeflocken
1 TL Basilikum
½ TL Majoran
1 EL Buchweizenmehl

Die Gemüsebouillon aufkochen und über das mit den Haferkörnern gemischte Gerstenschrot gießen. Ca. 30 Minuten im geschlossenen Topf stehen und quellen lassen.
Die Zwiebel in Öl anbräunen, Paprikapulver oder Curry darüberstreuen und mit den übrigen Zutaten vermischen.
Die Masse gut durchmischen.
Kroketten oder Küchlein formen und vorsichtig in Olivenöl braten. Man kann sie auch ca. 20 Minuten bei mittlerer Wärme im Ofen backen (einmal wenden).

Im Ofen gebackener Weizen
4 Personen

250 g Weizenflocken
½ l Wasser
1 TL Meersalz
2 EL Öl
100 g gemahlene Haselnüsse

Die Weizenflocken in dem gesalzenen Wasser aufkochen, 30 Minuten quellen lassen. Das Öl zugeben. Die Masse auf einem eingefetteten Blech ausbreiten. Die Nüsse darüberstreuen. Bei 225° ca. 40 Minuten backen. In viereckige Stücke schneiden und zu einem Gemüsegericht servieren, z. B. Geißfuß mit Soße.

Erbsen- und Bohnengerichte

Das Kochen von Hülsenfrüchten
Hülsenfrüchte sollten in der Regel vor dem Kochen eingeweicht werden. Linsen und Azukibohnen können gleich gekocht werden, aber ohne Einweichen werden sie breiiger und verkochen mehr. Durch Zusatz von einigen zerquetschten Senfkörnern beim Kochen wird das Verdauen der sonst vom Körper schwer zu verarbeitenden Hülsenfrüchte erleichtert (ca. 1 Teelöffel auf 4 Personen).
Erbsen und Bohnen werden über Nacht oder 10–12 Stunden in leicht gesalzenem Wasser eingeweicht (1 Eßlöffel Meersalz auf 1 l Wasser). Das Einweichwasser wird abgegossen und mit frischem Wasser gekocht. Es besteht keine Gefahr, daß Geschmacksstoffe und Vitamine beim Einweichen verlorengehen, dagegen werden die gasbildenden Stoffe beträchtlich vermindert, besonders bei Sojabohnen. Das Salz macht die äußere Schale durchlässiger und verkürzt die Kochzeit.
Die in den Rezepten angegebenen Kochzeiten sind nur ungefähr. Sie können beträchtlich variieren, abhängig zum einen davon, wie lange die Bohnen gelagert werden, zum anderen von der Einweichzeit und von dem Boden, auf dem sie angebaut wurden. Außerdem hat man neuere Sorten mit kürzerer Kochzeit gezüchtet. Man muß es deshalb ausprobieren. Hülsenfrüchte müssen aber immer weich und gut durchgekocht sein, damit sie keine Verdauungsbeschwerden verursachen.

Grundrezept

Azukibohnen
ca. ½ dl pro Person

Bohnen
Wasser
Meersalz
Kombualgen

Die Bohnen 10–12 Stunden einweichen. In 2- bis 3mal soviel Wasser mit einem Stück Kombualge aufsetzen. Im geschlossenen Topf kochen. Falls sie trocken aussehen, mehr Wasser zufüllen. Gegen Ende der Kochzeit leicht salzen. Azukibohnen werden gewöhnlich in 1½ Stunden gar, im Dampfkochtopf in 45 Minuten. Man serviert sie mit einem gekochten Gemüse zu unbehandeltem Reis oder bereitet sie als Bohnenfrikadellen zu.

Kichererbsen
ca. 4 Personen

3 dl Kichererbsen
ca. 1 l Wasser
1 Lorbeerblatt
1 TL zerquetschte Senfkörner
Thymian
Meersalz
(evtl. 1 kleine Zwiebel und 1 vegetarischer Bouillonwürfel)

Die Kichererbsen waschen und in 1 l Wasser mit 1 Eßlöffel Meersalz mindestens 12 Stunden einweichen. In frischem Wasser mit Lorbeerblatt, Senfkörnern und etwas Thymian weichkochen. Kochzeit ca. 2 Stunden oder ungefähr 1 Stunde im Dampfkochtopf. Gegen Ende leicht salzen. Man serviert sie zu gekochtem Getreide oder bereitet sie als Frikadellen zu.

Bohnen (weiße, braune oder schwarze)
4 Personen

ca. 3 dl Bohnen
1 l Wasser
1 gehackte Zwiebel
Meersalz
1 TL zerquetschte Senfkörner
½ TL Rosmarin oder ½ TL Bohnenkraut
1 Lorbeerblatt
(1 Knoblauchzehe)

Die Bohnen waschen und ca. 10 Stunden mit 1 Eßlöffel Meersalz in 1 l Wasser einweichen. In frischem Wasser mit Zwiebel und Gewürzen aufsetzen. Ungefähr 1 Stunde, bzw. bis die Bohnen weich sind, kochen. Gegen Ende leicht salzen oder mit 1 Würfel vegetarischer Bouillon kochen.
Auf die gleiche Weise kocht man die übrigen Bohnensorten. Das Würzen kann nach Belieben variiert werden.

Linsen
4 Personen

3 dl Linsen
6 dl Wasser
2 TL Gemüsebrühe (Paste)
1 Lorbeerblatt
1 TL zerquetschte Senfkörner
½ TL Thymian
2 TL Molkosan
Tamari oder Meersalz nach Belieben
Petersilie

Die Linsen waschen und einige Stunden einlegen. In der doppelten Menge Wasser mit Gemüsebrühe und Gewürzen kochen.
Zumeist sind Linsen in ca. 30 Minu-

ten fertig. Eventuell mit mehr Wasser verdünnen. Mit Molkosan und Tamari abschmecken. Gehackte Petersilie darüberstreuen. Man serviert sie zu Getreide und Gemüse.

Sojabohnen

Sojabohnen
Wasser
Meersalz
zerquetschte Senfkörner
(1 TL auf 2 dl Bohnen)
1 Zwiebel
Bohnenkraut, Majoran oder
Thymian
Miso

Man rechnet ca. 2 Eßlöffel trockene Bohnen pro Portion, kocht aber besser für mehrere Mahlzeiten auf einmal und friert einen Teil ein.
Die Sojabohnen werden in leicht gesalzenem Wasser ca. 12 Stunden eingeweicht. In frischem Wasser mit Senfkörnern und gehackter Zwiebel, eventuell etwas Gewürzen, 1½–2 Stunden kochen (halbe Zeit im Dampfkochtopf).
Achtung! Die Kochzeit kann zwischen den einzelnen Sorten beträchtlich variieren. Pro Portion gibt man ca. 1 Teelöffel angerührtes Miso zu. Im Kochwasser abkühlen lassen. Bohnen dienen als Grundlage bei Gemüseeintöpfen oder Salaten, oder sie werden als Bohnenfrikadellen zubereitet.

Linsenkroketten

4 Personen

3 dl getrocknete Linsen
2 Zwiebeln
Olivenöl
4 gekochte Kartoffeln
3 EL Kleie
2 EL Buchweizenmehl
1 EL körniger Salzersatz
½ TL Majoran
1 TL Basilikum
(Meersalz)

Panieren

Vollkornpaniermehl oder
Grahammehl
Olivenöl

Die Linsen nach dem Grundrezept kochen. Die Brühe abgießen, die Linsen zerquetschen. Die Zwiebel hacken und anbräunen. Die Kartoffel fein reiben, alles gut zu einer Farce vermischen und abschmekken.
Längliche Kroketten formen, in Paniermehl wälzen und in heißem Öl goldbraun braten.

Kichererbsenburger

4 Personen

8 dl gekochte Kichererbsen
1 gehackte Zwiebel
1 EL Öl
1 TL Paprikapulver
2 dl Paniermehl
2 EL Hefeflocken
1 TL Majoran
Meersalz nach Geschmack
2 EL gehackte Petersilie oder
Wildkräuter

Die Kichererbsen im Mixer verarbeiten oder zerquetschen. Die Zwiebel in Öl anbräunen, das Pa-

prikapulver darüberstreuen. Alles zu einer Farce zusammenmischen. Falls erforderlich, als Bindemittel 1 Eßlöffel Buchweizenmehl zusetzen.
Die Farce zu runden Küchlein formen und in etwas Öl vorsichtig braten oder auf einem Blech bei mittlerer Wärme im Ofen backen.

Linsenfrikadellen à la Lindström
4 Personen

5 dl gekochte Linsen
2 dl gekochter Buchweizen
2 gehackte Zwiebeln
2 EL Olivenöl
2 EL Hefeflocken
1 rohe, fein geriebene Rote Bete (ca. 4 dl)
2 dl gehackte saure Gurke
2 EL Tamari
½ TL Salbei
1 TL Basilikum
1 TL Sellerieblätter
1–2 gepreßte Knoblauchzehen
2 EL Buchweizenmehl
(Meersalz)

Die Linsen zerquetschen und mit dem Buchweizen durcheinanderrühren. Alle Zutaten zu einer Farce mischen, würzen und abschmekken. Die Farce soll nicht zu fest sein.
Die Frikadellen in Häufchen auf ein gefettetes Blech setzen und bei 225° im Ofen backen. Umdrehen, sobald sie an der Unterseite Farbe bekommen haben.

Kichererbsenfarce im Backofen
4–5 Personen

6 dl gekochte Kichererbsen
3 dl gekochter unbehandelter Reis
2 fein gehackte Zwiebeln
100 g grob gehackte Champignons
2 EL Öl
1 TL Paprikapulver
1 TL Meersalz oder körniger Salzersatz nach Belieben
1 EL Tamari
2 EL Kleie + 2 EL Buchweizenmehl
1 TL Basilikum
½ TL Thymian
2 EL gehackte Petersilie

Die gekochten Kichererbsen im Mixer pürieren oder zerquetschen. Mit dem gekochten, unbehandelten Reis mischen oder alles durch einen Fleischwolf drehen. Zwiebel und Champignons in Öl anbräunen und das Paprikapulver zugeben. Alle Zutaten gründlich zu einer Farce mischen, würzen und abschmecken (eine Probefrikadelle machen).
Eine längliche Form einfetten und mit Kleie oder Weizenkeimen bestreuen. Die Füllung hineingeben und etwa 1 Stunde bei 220° backen. Die Farce kann anstatt mit Kichererbsen auch mit weißen Bohnen zubereitet werden. Mit einer passenden Soße servieren oder als Brotaufstrich verwenden.

Bohnenfrikadellen
4 Personen

6 dl gekochte Azukibohnen oder weiße Bohnen
2 dl gekochter ganzer Buchweizen
1 gehackte, angeschmorte Zwiebel
1 EL körniger Salzersatz
1 dl Weizenkeime
Tamari nach Geschmack
beliebiges Würzkraut
(1 gepreßte Knoblauchzehe)
evtl. 1–2 EL Buchweizenmehl

Die Bohnen im Mixer verarbeiten oder zerquetschen und mit dem gekochten ganzen Buchweizen mischen. Die Zwiebel, Salzersatz, Weizenkeime und Tamari zugeben. Mit einem Würzkraut abschmekken, z. B. 1 Teelöffel Majoran, ½ Teelöffel Bohnenkraut oder 1 Teelöffel Basilikum und eventuell Knoblauch. Wenn die Farce zu weich ist, etwas Buchweizenmehl darangeben. Zu Küchlein formen und vorsichtig in etwas Öl braten.

Gemüseeintopf mit weißen Bohnen
4–6 Personen

4 dl getrocknete weiße Bohnen
1 in Scheiben geschnittene Zwiebel
1 Stange Lauch
2 Mohrrüben
1 Stück Knollensellerie
1 Paprika
einige Tomaten oder 1–2 EL Tomatenpüree
2 EL Öl
Meersalz nach Belieben
Pfeilwurzpulver
einige zerquetschte Wacholderbeeren
2 Knoblauchzehen
4–6 TL Miso

Die Bohnen nach dem Grundrezept Seite 114 mit 1 Lorbeerblatt, 1 TL Senfkörner, etwas Thymian und Bohnenkraut kochen.
Die Zwiebel und die fein geschnittenen Gemüse in Öl anbräunen. Wasser oder Brühe auffüllen, bis das Gemüse bedeckt ist. Leicht salzen, Wacholderbeeren und Knoblauch zugeben. Im geschlossenen Topf bei mäßiger Wärme fertigkochen.
Die gekochten Bohnen daruntermischen. Pfeilwurzpulver mit etwas Wasser anrühren. Mit einigen Teelöffeln davon andicken. Die Misopaste anrühren, zugeben und abschmecken.
Zu gekochtem Getreide oder zu Vollkornmakkaroni servieren.

Weißkohlpudding
6 Personen

1 kleiner Weißkohlkopf, ca. 1½ kg
2 EL Öl
2½ dl Wasser
2 EL Tamari

Farce
500 g gekochte Linsen
500 g gekochte Gerstengraupen
1 TL Majoran
1 TL Liebstöckel
½ TL zerriebener Koriander
1 TL zerriebener Kümmel
1 EL körniger Salzersatz
4 EL Haferflocken
1 große, fein gehackte, geschmorte Zwiebel
2 EL Öl
(Meersalz)

Den Kohl in Würfel schneiden, leicht in Öl anschmoren, Wasser und Tamari zusetzen. Im geschlos-

senen Topf ca. 10 Minuten kochen. Die Linsen zerquetschen und mit den Gerstengraupen und den übrigen Zutaten zu einer Farce vermischen. Würzen und abschmecken. Den Kohl und die Füllung in einer eingefetteten Form übereinanderschichten, zuunterst und zuoberst Kohl legen. Bei 225° ca. 30 Minuten bzw. bis der Kohl weich ist, backen.
Mit Misosoße und Rohkost servieren.

Kichererbsenreis
4 Personen

2 fein gehackte Zwiebeln
2 EL Öl
4 dl geschnittene Möhren
2 dl in Streifen geschnittener Lauch
1 rote, in Streifen geschnittene Paprika
1 TL Paprikapulver
2–3 gepreßte Knoblauchzehen
1 TL Majoran
1 TL Dillsamen
5 dl gekochter unbehandelter Reis
4 dl gekochte Kichererbsen
Meersalz nach Belieben

Die Zwiebel in Öl anbräunen, Mohrrüben, Lauch, Paprikastreifen und Paprikapulver zugeben. Bei schwacher Wärme im geschlossenen Topf ca. 5 Minuten schmoren. Knoblauch und Gemüse zusetzen, leicht salzen, den gekochten Reis und die gekochten Kichererbsen daruntermischen.
Petersilie darüberstreuen und mit milchsaurem Gemüse anrichten.

Paella, spanischer Reistopf
ca. 6 Personen

1 große Zwiebel
1 Stück Lauch
2 EL Öl
4 dl unbehandelter Reis
8 dl Wasser und 2–3 TL Bouillonextrakt
1 Knoblauchzehe
1 Messerspitze Safran
Meersalz
1 TL Basilikum
100 g Champignons
100 g grüne Erbsen
4 dl gekochte weiße Bohnen oder Kichererbsen (oder 300 g Tofu, siehe S. 162)

Zum Garnieren
rote Paprikastreifen und Petersilie

Die Zwiebel in etwas Öl anbräunen und den Reis zugeben. Nach einigen Minuten das Wasser mit dem Bouillonextrakt auffüllen. Knoblauch, Safran, etwas Meersalz und Basilikum zufügen. Umrühren und fertigkochen. Die Pilze in Öl schmoren und zusammen mit Erbsen und Bohnen in den Reis mischen. Abschmecken und mit Paprika und Petersilie garnieren.
Wird anstelle von Bohnen Tofu verwendet, dann muß die Flüssigkeit mit einem frischen Handtuch ausgepreßt werden (eine Zeitlang zwischen zwei Tellern pressen). In Würfel schneiden und in der Pfanne anbräunen. Etwas Tamari darüberspritzen.

Gemüsegerichte

Kürbisgrütze mit Miso
4 Personen

2 mittelgroße, in Scheiben geschnittene Zwiebeln
1–2 EL Öl
600 g Kürbis oder Squash
2 TL Gemüsebrühe (Paste) + heißes Wasser
Andicken: 2 EL Buchweizenmehl, in etwas kaltem Wasser angerührt
5–6 TL Misopaste
1 TL Basilikum
(Knoblauch nach Belieben)
gehackte Petersilie

Die Zwiebel in Öl anbräunen, die Kürbiswürfel zusetzen und einige Minuten schmoren. Mit heißem Wasser oder Bouillon auffüllen, so daß das Gemüse bedeckt ist. Im geschlossenen Topf bei schwacher Wärme fertigkochen. Mit Buchweizen andicken und mit angerührter Misopaste und Gewürzen abschmecken. Petersilie darüberstreuen. Zu gekochter Hirse servieren.

Nituké von Schwarzwurzeln
4 Personen

500 g Schwarzwurzeln
1 gehackte Zwiebel
2 EL Öl
Meersalz
1 TL Basilikum

Die Schwarzwurzeln waschen und gründlich bürsten, in feine Streifen schneiden oder grob raspeln. Die Zwiebel in Öl anbräunen, die Schwarzwurzel zugeben und alles unter Umrühren einige Minuten schmoren. Die Wärme verringern und im geschlossenen Topf ca. 10 Minuten schwach kochen.
Mit Meersalz und Basilikum würzen.

Gemüsenituké
4 Personen

ca. 1 l fein geschnittene Gemüse (Zwiebel, Mohrrüben, Lauch, Steckrüben, Sellerie u. dergl.)
2 EL Öl
2 EL Tamari
Meersalz
(Würzkräuter)

Das Wurzelgemüse waschen und gut bürsten, aber nicht schälen. Das Öl in einer Kasserolle oder einem Eisentopf erhitzen. Es soll so heiß sein, daß es zischt, wenn das Gemüse hineingelegt wird. Immer mit der Zwiebel beginnen, die übrigen Gemüse mit 2 bis 3 Minuten Abstand einlegen, die härtesten zuerst.
Umrühren, die Wärme verringern und die Gemüse im geschlossenen Topf sacht im eigenen Saft oder mit einigen Eßlöffeln Wasser kochen lassen. Mit Tamari, Meersalz und Würzkräutern würzen. Nituké kann auch mit Wildkräutern zubereitet werden.
Zu gekochtem Getreide und Bohnen servieren.

Kohlnituké
4 Personen

1 Zwiebel
600 g Weißkohl, Rosenkohl oder Wirsing
2 EL Öl
½ TL Meersalz
1 EL Tamari
½ TL zerriebener Kümmel oder einige zerriebene Pimentkörner

Die Zwiebel hacken und den Kohl in Streifen schneiden (wenn Rosenkohl genommen wird: den Kopf putzen und ein Kreuz in den Wurzelstock schneiden). Die Zwiebel in Öl anbräunen, den Kohl zugeben, evtl. eine Kleinigkeit Wasser, und alles im geschlossenen Topf bei mäßiger Wärme sacht kochen lassen. Mit Meersalz, Tamari und zerriebenem Kümmel würzen (bei Rosenkohl mit einigen zerstoßenen Pimentkörnern).

Rotkohlnituké
4 Personen

1 gehackte Zwiebel
2 EL Öl
1–2 Äpfel in Würfeln
600 g fein geschnittener Rotkohl
3 ganze Gewürznelken
evtl. Meersalz
1 EL Tamari
1 EL Molkosan
2–3 Pimentkörner

Die Zwiebel in Öl bräunen, die Apfelwürfel und nach einiger Zeit den Rotkohl und die Gewürznelken zusetzen. Leicht salzen oder 1 Eßlöffel Tamari zugeben. Unter Umrühren alles einige Minuten schmoren, eine Kleinigkeit Wasser und ca. 1 Eßlöffel Molkosan zugießen. Ein paar Pimentkörner zerstoßen und hineingeben.
Die Wärme reduzieren und den Kohl sacht im geschlossenen Topf kochen lassen, bis er weich ist. Abschmecken.

Tips
Kohl aller Art, der nicht giftfrei angebaut ist, wird 2–3 Minuten lang zusammen mit einer geviertelten Zwiebel gekocht. Dann wird er wie gewöhnlich zubereitet. Die Brühe und die Zwiebel werden weggeschüttet.

Rote-Bete-Eintopf mit Meerrettich
4 Personen

ca. 1½ kg frische Rote Bete oder
1 kg Winter-Rote-Bete
Wasser, Meersalz
ca. 1 dl Graham- oder Gerstenmehl
ca. 7 dl Wasser
1 EL kaltgepreßtes Öl
1 TL Gemüsebrühe (Paste)
Meersalz/Tamari nach Belieben
1 EL frisch geriebener Meerrettich
1 dl saure Sahne oder 1 EL
Molkosan + 2 EL Sesampaste

Rote Bete waschen und dem kochenden, leicht gesalzenen Wasser zusetzen. Die Kochzeit beträgt für frische Rote Bete ca. 20 Minuten, für Winter-Rote-Bete ungefähr 1 Stunde. Die Wurzelspitzen nicht abschneiden und auch nicht zuviel von dem Kraut, sonst fließt während des Kochens der Saft aus.
Das Kochwasser abgießen, die Rote Bete in kaltem Wasser abspülen und die Schale abziehen. Die Rote Bete in große Würfel schneiden.
Das Mehl bis knapp vor dem Farbwechsel in einer trockenen Bratpfanne darren. In eine Kasserolle geben und nach und nach mit kaltem Wasser zu einer glatten

Mehlschwitze anrühren. Unter Umrühren einige Minuten kochen. Rote Bete und Öl zufügen, mit Gemüsebrühe, Meersalz und Meerrettich abschmecken. (Meerrettich nicht mitkochen, sonst wird er bitter.) Zuletzt die saure Sahne oder etwas Molkosan und die angerührte Sesampaste untermischen. Zu gekochtem Buchweizen servieren. Junge Rote Bete kann auch auf einem Bett aus grobem Salz im Ofen gebacken werden.

Mohrrüben mit Mebosipflaumen
4 Personen

6 mittelgroße, in dünne Scheiben geschnittene Mohrrüben
2 EL Öl
3 entkernte, kleingeschnittene Mebosipflaumen
Petersilie

Die Mohrrüben in Öl anschmoren, die Pflaumen und eventuell einige Eßlöffel Wasser zufügen. Alles im geschlossenen Topf bei schwacher Wärme schmoren, bis die Mohrrüben gar sind. Gehackte Petersilie darüberstreuen.

Gebratene Zucchini
4 Personen

ca. 500 g Zucchini
Meersalz
Basilikum
Öl

Zucchini waschen und in 1 cm dikke Scheiben schneiden. Schälen ist nicht notwendig. Mit Meersalz und zerriebenem Basilikum auf einer Seite würzen. Die Scheiben vorsichtig von beiden Seiten in warmem Öl braten.

Gebratenes Wurzelgemüse
4 Personen

400 g Sellerie, Pastinak oder Steckrüben
Meersalz
Basilikum
Öl

Das Wurzelgemüse waschen und gut bürsten, aber nicht schälen. Der Länge nach in ½ cm dicke Scheiben schneiden. Auf einer Seite mit Meersalz und Basilikum oder mit Paprikapulver würzen. Vorsichtig in warmem Öl, eventuell zugedeckt, braten. Umdrehen (siehe Farbbild S. 123).

Gebratene Rote Bete
4 Personen

400 g Rote Bete
Molkosan
Meersalz
Basilikum
Öl

Die Rote Bete waschen und der Länge nach in ½ cm dicke Scheiben schneiden. Auf der einen Seite mit etwas Molkosan einpinseln, mit Meersalz und Basilikum würzen. Bei schwacher Wärme im geschlossenen Topf von beiden Seiten braten. Mit Meerrettich servieren.

Gebratene Pastinake mit Brokkoli. Im Hintergrund gekochter, ganzer Weizen, geriebene Mohrrüben und Azukibohnenkeime.

Spinat von Geißfuß
4 Personen

ca. 500 g von Geißfuß,
Rote-Bete-Blättern, Mangold oder Brennesseln
Wasser und Meersalz
1 dl Grahammehl
ca. 4 dl Brühe + Wasser
1 gehackte Zwiebel oder Schnittlauch
1 EL Öl oder Butter
Tamari
1 Messerspitze geriebenen Muskat oder 1 gepreßte Knoblauchzehe
2 EL Sesampaste und etwas Wasser

Die Blätter gut abwaschen und in ganz wenig leicht gesalzenes, kochendes Wasser einlegen und kurz aufkochen lassen. Abseihen und die Brühe zum Andicken aufheben. Auf einem Schneidbrett die Blätter fein hacken.
Das Mehl in einer trockenen Bratpfanne leicht bis knapp vor dem Farbwechsel darren. Nicht braun werden lassen. Mit einem Holzlöffel ständig umrühren. Das Mehl in eine Kasserolle geben, etwas abkühlen lassen und mit etwas kaltem Wasser zu einem dicken Brei ohne Klumpen verrühren. Unter Umrühren aufkochen, die Brühe und die gehackten Blätter zugeben. Die Zwiebel anbräunen und untermischen oder statt dessen Öl und etwas gehackten Schnittlauch darunterrühren. Abschmecken. Mit etwas angerührter Sesampaste den Geschmack abrunden.

Im Ofen gebackene Pastinake
4 Personen

4 mittelgroße Pastinake
Öl

Die Pastinake waschen und bürsten, aber nicht schälen. Mit etwas Öl einreiben. Bei 200° ca. 40 Minuten bzw. bis sie weich sind, in den Ofen setzen (man prüft mit einer Nadel). Mit einer passenden Soße zu gekochtem Getreide servieren.

Gemüseschnitzel
4 Personen

1 großer Knollensellerie (ca. 300 g)
¼ Portion Pfannkuchenteig (siehe S. 136)
1 TL körniger Salzersatz
gesiebtes Grahammehl
Vollkornpaniermehl
Olivenöl zum Braten
Zitronenviertel und Petersilie zum Anrichten

Den Knollensellerie waschen und sauber bürsten, in 1 cm dicke Scheiben schneiden. In leicht gesalzenem, kochendem Wasser 3 bis 5 Minuten aufkochen. Abkühlen lassen. Die Scheiben folgendermaßen panieren: ¼ Portion Pfannkuchenteig machen, 1 Teelöffel Salzersatz zusetzen. Die Scheiben zuerst in dem gesiebten Grahammehl wenden, dann in den Pfannkuchenteig tauchen und schließlich in Vollkornpaniermehl wenden. In heißem Olivenöl vorsichtig goldbraun braten. Auf eine Platte legen und jede Scheibe mit einem Zitronenschnitz und einem Stengel Petersilie garnieren.

Wildkräutertempura

Tempurateig
2 dl kaltes Wasser oder Mineralwasser
2 dl gesiebtes Grahammehl
½ TL Meersalz
1–2 TL Kouzo oder Pfeilwurzpulver
Blätter von Wildkräutern
Sesamöl zum Braten.

Den Teig kurz anrühren, aber nicht zu kräftig schlagen. Zur Abwechslung kann man etwas Sesamsamen zugeben oder einen Teil des Grahammehls gegen Sojamehl oder Buchweizenmehl auswechseln. Die Blätter von Wildkräutern wie Löwenzahn, Wegerich, Tüpfelfarn oder kleine Petersilienstengel, Blätter von Roter Bete usw. in den Teig tauchen. Braten oder in heißem Öl fritieren. Zum Abtropfen auf Haushaltspapier legen. In *kleinen* Mengen essen, 2 bis 3 Blätter pro Person.

Steckrübentempura
4 Personen

Tempurateig
2 dl eiskaltes Wasser oder Mineralwasser
2 dl Buchweizenmehl
Meersalz
Tamari
Basilikum
ca. 200 g Steckrüben
Öl

Den Tempurateig anrühren, mit Meersalz, Tamari und Basilikum würzen. Die Steckrüben grob reiben und untermischen. Den Teig löffelweise in kleinen Häufchen in eine Bratpfanne mit heißem Öl setzen und von beiden Seiten braten (oder fritieren).
Auf die gleiche Art kann Tempura aus *Sellerie, Brokkoli, Zwiebel, Kürbis* und anderen Gemüsen zubereitet werden.

Algen – Gemüse aus dem Meer

Meeresalgen sind eine Gesundheitskost mit großem Überschuß an Basen und deshalb besonders wertvoll für Rheumatiker. Sie sind reich an Protein, Vitaminen, Enzymen und Mineralstoffen, vor allem an Kalk und Eisen sowie Jod, das für die Zellatmung wichtig ist. Auch für das Nervensystem sind Algen wohltuend, und schließlich machen sie die Haare stark und schön.
In den asiatischen Ländern kennt und verwendet man Meeresalgen seit vielen hundert Jahren.
Die gebräuchlichsten Arten sind Iziki, Kombu, Wakame und Nori sowie Agar-Agar, das anstelle von Gelatine für Nachtische verwendet wird.
Algen enthalten pro Gewichtseinheit bis zu 14mal mehr Kalk als die Milch. Man kann sie täglich essen (ca. 1 Eßlöffel eingeweicht), und in gekochtem Zustand halten sie sich im Kühlschrank bis zu einer Woche.

Iziki
4–5 Personen

ca. 30 g getrocknete Izikialgen
Tamari

Iziki sind dünne, feinlappige, schwarze Algen. Sie werden kurz unter fließendem kaltem Wasser abgespült und 10 bis 15 Minuten eingeweicht, wobei das Wasser die Algen bedecken soll. Wenn sie sehr lang sind, in kleinere Stücke schneiden. Im geschlossenen Topf 30 bis 40 Minuten kochen, bis sie gequollen und weich sind. Zum Schluß Tamari zugeben.
Mit Reis und Gemüse servieren oder an den Salat geben.

Izikisalat
4–5 Personen

gekochte Izikialgen (siehe oben)
8–10 dl fein geschnittener Eisbergsalat
1 Bund in Scheiben geschnittene Radieschen
2–3 EL fein gehackte Petersilie

Dressing
2 EL fein gehackte Zwiebel
3 EL Mebosikochbrühe
1 EL Öl
Tamari nach Geschmack

Eventuell Brühe von den Algen abseihen und sie dann, zusammen mit dem fein geschnittenen Salat und den in Scheiben geschnittenen Radieschen sowie der Petersilie, in einer Salatschüssel übereinanderschichten.
Kurz vor dem Servieren das Dressing darübergießen.

Kombualgen
4 Personen

3–4 Stück getrocknete Kombualgen (ca. 10 cm/Stück)
1 fein gehackte Zwiebel
1 fein gehackte Mohrrübe
1 EL Öl
Tamari

Kombualgen sind flache, grüne, lederartige Stücke, die trockenem Lauch ähneln.
Die Algen kurz mit kaltem Wasser abspülen oder sie mit einem feuchten Tuch abwischen. In kaltem Wasser einweichen, so daß sie ganz bedeckt sind. In 2 bis 3 cm lange Stücke schneiden.
Die Zwiebel und die Mohrrüben in Öl anbräunen, die Algen zugeben und 10 Minuten schmoren. Das Einweichwasser zugießen und den Topf abdecken. 25 bis 30 Minuten kochen. Gegen Schluß einige Teelöffel Tamari zugeben.
Eingelegte Kombu können auch ohne vorheriges Anschmoren gekocht werden.
Kombualgen können gut beim Kochen von Azukibohnen und anderen Hülsenfrüchten verwendet werden; man nimmt 1 bis 2 Stück für 4 Personen. Die Bohnen werden dann rascher weich und leichter verdaulich, gleichzeitig werden sie mit Mineralien angereichert.
Weitere Verwendungsgebiete sind Suppen und gekochte Gemüse.

Iziki mit Sesam
4 Personen

ca. 30 g getrocknete Iziki
1 EL Sesamöl
2 EL Tamari
2 EL Sesamsamen

Iziki nach obenstehendem Rezept abspülen und einweichen. Eventuell in kleinere Stücke schneiden. Das Öl in einem Topf erhitzen und die Algen 10 Minuten sautieren (schmoren). Das Einweichwasser zugeben und 30 bis 40 Minuten im geschlossenen Topf kochen. Gegen Schluß das Tamari hinzufügen. Den Sesamsamen bei mittlerer Wärme leicht 4 bis 5 Minuten in einer Bratpfanne rösten, dann über die Algen streuen und servieren.
Die Algen können auch mit einer fein gehackten Zwiebel und mit anderen Gemüsen geschmort werden.

Wakamealgen
4 Personen

ca. 30 g Wakamealgen
1 große, fein gehackte Zwiebel
2 Mebosipflaumen
Wasser

Wakamealgen sind dünne, grünliche, lange »Blätter«. Sie können auf die gleiche Art wie Iziki zubereitet werden (müssen aber nicht so lange kochen) oder nach folgendem Rezept: Die Algen kurz abspülen und 10 Minuten einweichen. Das Wasser abseihen und aufkochen. Die Zwiebel zugeben und einige Minuten ziehen lassen. Die Algen in Stücke schneiden, hineinlegen und 5 Minuten sacht kochen. Zwei entkernte Mebosipflaumen dazutun und weitere 5 Minuten kochen.

In Algen eingewickelte Reisbällchen
6 Stück

6 Blatt Nori
3 Mebosipflaumen
ca. 7 dl frisch gekochter unbehandelter Reis

Die Norialgen sind flache, rechteckige, schwarze Platten. Man verwendet sie meist zu »Reisbällchen« – als Reiseproviant, zum Lunch, zum Picknick usw. Die Nori leicht auf einer heißen Platte von einer Seite rösten (einige Sekunden). Die Mebosipflaumen halbieren und entkernen. Eine Hand mit Salzwasser anfeuchten, gut 1 dl Reis nehmen und ein Bällchen formen.
6 Bällchen machen. In jedes Reisbällchen eine Höhlung drücken und eine halbe Pflaume hineingeben. Dann die Öffnung wieder zudrücken. Die Hände wieder anfeuchten und jedes Bällchen in ein Noriblatt einrollen.

Variation
Die Reisbällchen können zuerst in Gomasio gerollt werden, bevor man die Nori darumwickelt. Reisbällchen halten sich mehrere Tage, auch ungekühlt, sie sollten aber nicht luftdicht aufbewahrt werden.

Geröstete Nori
Auf einer heißen Herdplatte die Nori einige Sekunden von einer Seite rösten. Zerreiben und über Reis oder Gemüse usw. streuen.

Soßen

Um ein Getreidegericht abzurunden, kann man es gut mit einer pikanten Soße servieren. Auch im Ofen gebackene Farcen werden vorteilhaft mit einer Soße ergänzt. Die übliche Art, Soßen zuzubereiten, ist, Fett und Mehl zusammen anzubräunen. Das aber macht die Soßen sehr schwer verdaulich. Eine wesentlich bessere Möglichkeit besteht darin, das Mehl alleine zu darren und das Fett erst dazuzugeben, wenn die Soße fertig gekocht ist. Diese Methode bietet außerdem den Vorteil, daß die Fettmenge bedeutend geringer sein kann (oder bei speziellen Diäten ganz entfällt). Durch das Darren erhält das Mehl einen besseren Geschmack und ein besseres Aroma, wird leichter verdaulich, und außerdem »dickt« Vollkornmehl besser, als wenn man eine Mehlschwitze auf die übliche Art macht.

Allgemeine Hinweise

Darren von Mehl: Man kann alle Arten von Vollkornmehl verwenden, gesiebt oder ungesiebt, doch empfiehlt sich Gerstenmehl besonders. Ungefähr 4 Eßlöffel Mehl auf ½ l Flüssigkeit dürften für 4 Personen ausreichen.
Man erwärmt eine Bratpfanne ohne Fett und gibt das Mehl hinein. Ständig mit einem Holzlöffel umrühren und ab und an die Pfanne rütteln. Die Wärme soll nicht zu stark sein, damit das Mehl nicht anbrennt. Das Mehl ist fertig, wenn es nußartig zu riechen beginnt und die Farbe ins Gelbliche umschlägt. Jetzt legt man das Mehl in eine Kasserolle und läßt es abkühlen. Mit dem Schneebesen wird kalte Flüssigkeit eingerührt und unter Umrühren einige Minuten gekocht. Zum Abschmecken siehe die verschiedenen Rezepte.
In der Regel werden Soßen mit Bouillon oder Wasser gekocht, man kann aber auch die Kochbrühe von Getreide, Makkaroni und Gemüse usw. nehmen. Um den Geschmack abzurunden, setzt man, wenn die Soße fertig ist, einige Eßlöffel Tahin bzw. süße oder saure Sahne zu. Natürlich kann man auch »Pflanzenmilch« verwenden.

Béchamelsoße
4 Personen

4 EL Grahammehl
½ l Grundbouillon oder Pflanzenmilch
1 EL Öl
1–2 EL Tahin
körniger Salzersatz nach Belieben

Das Mehl wie oben angegeben darren und mit der kalten Flüssigkeit anrühren. Unter Umrühren einige Minuten kochen. Öl und Tahin (in etwas Flüssigkeit angerührt) zugeben. Mit Salzersatz abschmecken.

Zwiebelsoße
4 Personen

1 EL Öl
2 fein gehackte Zwiebeln
½ l Wasser oder Kochbrühe
4 EL gedarrtes Grahammehl (siehe oben)
1–2 EL Tahin
Tamari, Meersalz nach Belieben

Das Öl in einer Kasserolle erwärmen, die Zwiebeln zugeben und schmoren, bis sie glasig sind. Etwa die Hälfte der Flüssigkeit zusetzen. Zum Andicken das Mehl mit dem Schneebesen in die restliche Flüssigkeit rühren. Die Mehlsoße beigeben und unter Umrühren einige Minuten kochen. Die angerührte Tahinpaste zufügen und abschmekken.

Meerrettichsoße
4 Personen

Béchamelsoße für 4 Personen
ca. 1 EL frischer, geriebener Meerrettich

Misosoße
4 Personen

1 gehackte Zwiebel
1 EL Öl
1 TL Paprikapulver
½ l Grundbouillon oder Wasser
4 EL gedarrtes Gerstenmehl (S. 129)
1 TL Basilikum
ca. 1 EL Miso
(2 EL süße Sahne)

Die Zwiebel in Öl anbräunen und das Paprikapulver darüberstreuen. Etwa die Hälfte der Flüssigkeit zugießen und aufkochen. Das Mehl mit dem Rest der kalten Flüssigkeit zum Andicken zu einem glatten Mehlbrei verrühren und zugeben. Unter Umrühren einige Minuten kochen.
Mit Basilikum und angerührtem Miso würzen und abschmecken. Falls gewünscht, den Geschmack mit etwas süßer Sahne abrunden.

Currysoße
4 Personen

1 EL Öl
1 fein gehackte Zwiebel
1 TL Curry
3 Äpfel in kleinen Würfeln
½ l Wasser oder Brühe
4 EL gedarrtes Gerstenmehl (S. 129)
körniger Salzersatz oder Meersalz nach Belieben
(2 EL saure Sahne)

Das Öl in einer Kasserolle erwärmen und die Zwiebel anbräunen. Curry und nach einiger Zeit die Apfelwürfel zusetzen. Umrühren, etwa die Hälfte der Flüssigkeit zugießen und aufkochen lassen. Das gedarrte Mehl mit dem Rest der kalten Flüssigkeit anrühren und zugeben. Unter Umrühren ca. 10 Minuten kochen. Bei Bedarf verdünnen. Mit Salzersatz oder Meersalz abschmecken und mit etwas saurer Sahne abrunden.

Pikante Soße
4 Personen

4 EL gedarrtes Gerstenmehl (S. 129)
½ l Wasser oder Brühe
½ TL zerriebener Koriander
1 EL Tamari
2 dl fein gehackte, milchsaure Gemüse
1 EL Öl
1–2 EL Tahin
Petersilie
Kräutersalz
(1 gepreßte Knoblauchzehe)

Das gedarrte Mehl mit der Flüssigkeit zu einem glatten Brei (zum Andicken) anrühren. Unter Umrühren ca. 10 Minuten kochen. Abschmekken mit Koriander und Tamari, eventuell Knoblauch. Das fein gehackte Gemüse zusetzen und die Soße kurz aufkochen. Zum Schluß das Öl und die angerührte Tahinpaste einrühren. Die Kasserolle vom Herd nehmen und Petersilie darüberstreuen.

Senfsoße
4 Personen

Béchamelsoße für 4 Personen (S. 130)
1 TL fein gestoßene Senfkörner
1 EL Zitronensaft

Vier Portionen Béchamelsoße machen und die Senfkörner und den Zitronensaft daruntermischen.

Tomatensoße
4 Personen

1 fein gehackte Zwiebel
1 EL Öl
1 dl Tomatenpüree
½ l Wasser oder Brühe
3 EL gedarrtes Grahammehl (S. 129)
je ½ TL zerriebenes Basilikum, Salbei, Rosmarin
2 TL Gemüsebrühe (Paste)
1 gepreßte Knoblauchzehe

Die Zwiebel in einer Kasserolle in Öl anbräunen, Tomatenpüree zugeben und etwas weiterschmoren lassen. Die Hälfte der Flüssigkeit zugießen und aufkochen.
Aus dem Mehl und dem Rest der kalten Flüssigkeit einen Brei zum Andicken machen. Zusetzen und die Soße unter Umrühren 10 Minuten kochen.
Mit Würzkräutern, Gemüsebrühe und Knoblauch abschmecken.

Italienische Soße
4 Personen

1½ dl fein geschnittener Lauch
1½ dl fein geschnittene Mohrrüben
1 Tomate in Würfeln
2 EL Öl
½ l Wasser oder Brühe
1 EL Tamari
2 EL Buchweizenmehl
1 EL Tahin
Kräutersalz nach Geschmack

Die Gemüse und die Tomatenstükke in Öl anschmoren. Die Hälfte der Flüssigkeit und Tamari zugeben und alles sacht kochen, bis die Gemüse gar sind. Das Buchweizenmehl in dem Rest der kalten Flüssigkeit anrühren und die Soße andicken. Tahinpaste zugeben und mit etwas Kräutersalz abschmekken.

Tomatensoße mit Ingwer
4 Personen

1 fein gehackte Zwiebel
2 EL Öl
6 Tomaten, in Würfel geschnitten
½ l Wasser oder Brühe
4 EL gedarrtes Gerstenmehl (S. 129)
1 TL Ingwer
½ TL Majoran
½ TL Salbei
körniger Salzersatz nach Belieben
2 EL Tahin

In der Kasserolle die Zwiebel in Öl anbräunen, die Tomatenwürfel zugeben und etwas weiterschmoren lassen. Die Hälfte der Flüssigkeit zugießen und aufkochen. Aus dem gedarrten Mehl und dem Rest der kalten Flüssigkeit einen Brei zum Andicken zusammenrühren und zugeben. Die Soße 15 Minuten unter Umrühren kochen. Ingwer und die zerriebenen Gewürze zufügen, mit Salzersatz abschmecken. Mit angerührtem Tahin abrunden.

Klare Tamarisoße
4 Personen

½ l Brühe oder Wasser
2 EL Pfeilwurzpulver oder Kouzo
2 EL Tamari
2 gehackte Zwiebeln
1 EL Öl

Die Brühe aufkochen, das Mehl in etwas kaltem Wasser anrühren und zugeben. Tamari und die gehackte Zwiebel einrühren.

Jägersoße
4 Personen

1 fein gehackte Zwiebel
1 EL Öl
ca. 200 g grob gehackte Pilze
½ l Wasser oder Brühe
4 EL gedarrtes Gerstenmehl (S. 129)
½ TL Basilikum, Kräutersalz nach Belieben
2 EL süße oder saure Sahne
Petersilie

Die Zwiebel im Topf mit Öl anbräunen. Die Pilze zugeben und eine kleine Weile weiterschmoren. Die Hälfte der Flüssigkeit aufgießen und aufkochen. Das gedarrte Mehl mit dem Rest der Flüssigkeit anrühren und zugeben. Unter Umrühren die Soße 10 Minuten kochen. Abschmecken. Mit süßer oder saurer Sahne abrunden. Petersilie darüberstreuen.

Ungarische Soße
4 Personen

1 fein gehackte Zwiebel
1 EL Öl
1 rote, in Streifen geschnittene Paprika
1 gestrichener EL Paprikapulver
½ l Molke oder Wasser
4 EL gedarrtes Grahammehl
Meersalz
Tamari

Die Zwiebel in Öl anschmoren. Paprikastreifen und Paprikapulver zusetzen. Alles kurze Zeit schmoren. Die Flüssigkeit zusetzen und 10 Minuten kochen lassen. Mit Mehl andicken und mit Meersalz, Tamari und eventuell 1 Knoblauchzehe abschmecken.

Kräutersoße
4 Personen

4 Portionen Béchamelsoße (S. 130)
1 dl fein gehackte frische Kräuter
(z. B. Majoran, Zitronenmelisse,
Brennesseln, Löwenzahn,
Sellerieblätter, Basilikum, Dill,
Petersilie, Schnittlauch, Estragon)

Vier Portionen Béchamelsoße kochen und die fein gehackten Kräuter zugeben.

Dillsoße
4 Personen

4 Portionen Béchamelsoße (S. 130)
1 dl fein gehackter Dill
2 EL Zitronensaft

Vier Portionen Béchamelsoße kochen, Dill und Zitronensaft zugeben.

Tips
Der Geschmack der verschiedenen Soßen läßt sich, wenn die Soße fertig ist, entweder mit einigen Eßlöffeln süßer oder saurer Sahne oder mit angerührter Sesampaste abrunden.

Nachtische

Nachtische gehören nicht zum täglichen Essen, sondern sind festlichen Gelegenheiten vorbehalten. Mit diesen einfachen Rezepten wollen wir aber zeigen, daß auch ein Dessert ebenso nützlich wie gut sein kann. Keines der folgenden Rezepte enthält raffinierten Industriezucker.

Bananenhälften mit Ingwer
4 Personen

4 reife Bananen
Meersalz
gemahlener Ingwer

Die Bananen schälen und der Länge nach halbieren. Die Schnittfläche mit etwas Meersalz und Ingwer würzen. Die Bananen vorsichtig weichbraten, die runde Seite zuerst. Gerne mit ein wenig kalter, saurer Sahne servieren.

Fruchtgelee
4 Personen

½ l Apfelsaft
2½ TL Agar-Agar
½ TL frische Früchte oder Bananen

Den Apfelsaft aufkochen. Das Agar-Agar-Pulver mit etwas Wasser mischen und in den kochenden Saft einrühren, bis es ganz aufgelöst ist. Die in Würfel geschnittenen Früchte zugeben und zum Steifwerden in eine Form gießen.

Ägyptisches Weizendessert
6 Personen

4 dl gekochter, kalter Weizen (ganz)
ca. ½ kg Früchte oder Beeren nach Belieben
Saft und Schale einer halben Zitrone
2 EL fein gehackte Rosinen
1 TL Ingwer

Zum Garnieren
½ dl geschnittene frische Mandeln samt Fruchtfleisch
(2 dl Schlagsahne)

Den Weizen kochen (siehe Grundrezept S. 102) und kalt werden lassen. Die Früchte in kleine Würfel schneiden und sie mit Zitronensaft übergießen. Fein gehackte Rosinen, Ingwer und geriebene Zitronenschale daruntermischen. In Portionsschalen füllen. Mit 1 Apfelsinenschale und geschnittener Mandel garnieren. Eventuell mit Schlagsahne oder Sahnequark servieren.

Fruchtkompott
4 Personen

250 g getrocknete, gemischte Früchte (ungeschwefelt) z. B. Backpflaumen, Aprikosen, Rosinen
Wasser
1 Stück Zimtstange
1 Stück Pomeranzenschale
1 kleines Stück ganzen Ingwer
2 kleine Äpfel in Vierteln
¼ TL Meersalz

Die getrockneten Früchte waschen, so viel Wasser auffüllen, daß sie bedeckt sind, und zusammen mit der Zimtstange, Pomeranzenschale und dem Ingwer 1 bis 2 Stunden einweichen. Die Früchte im Einweichwasser weichkochen und, bevor sie ganz weichgekocht sind, die Äpfel einlegen. Eventuell noch Wasser auffüllen. Meersalz zugeben.

Fruchtquark
4–6 Personen

selbstgemachter Quark aus 1 l saurer Milch (siehe S. 159)
geriebene Schale von ½ Zitrone
¼ TL Meersalz
1–2 reife, zerquetschte Bananen + 1 EL Zitronensaft
3 EL kleingehackte Datteln
½ l Fruchtwürfel oder Beeren
½ dl gehackte Nüsse oder leicht geröstete Sonnenblumenkerne

Den cremigen Quark mit der Zitronenschale und dem Meersalz abschmecken. Die Bananen zerquetschen und den Zitronensaft darüberträufeln. Mit den Datteln durcheinanderrühren. Zum Schluß die Fruchtwürfel oder die Beeren dazumischen.
In eine Glasschüssel geben und die Nüsse darüberstreuen. Mit Sesamkeksen servieren.

Apfelsoße
1 kg Äpfel, geviertelt
ca. 2 dl Minzentee
1 kleines Stück Zimt
½ TL Meersalz

Die Apfelviertel 20 bis 30 Minuten im Minzentee zusammen mit dem Zimt kochen. Durch ein Sieb reiben. Eventuell bis zur richtigen Konsistenz mit mehr Flüssigkeit verdünnen. Mit Pudding usw. servieren.

Hirsepudding
ca. 6 Personen

3½ dl Hirse
1 l Wasser
1 TL Meersalz
2 EL Öl
2 EL Sojamehl
2 dl gehackte Rosinen oder andere getrocknete Früchte
½ TL gemahlener Ingwer
Saft und Schale einer Zitrone
4 EL konzentrierten Apfel- oder Johannisbeersaft

Die Hirse mit Wasser und Meersalz kochen (siehe Grundrezept S. 102). Die übrigen Zutaten daruntermischen und die Masse in eine gefettete, feuerfeste Form geben. Sesamsamen darüberstreuen und bei 225° backen, bis die Oberfläche goldgelb ist.

Tips
Mit dem Schneebesen angerührtes Tofu ist bei Nachtischen eine nützliche und schmackhafte Alternative für diejenigen, die Sahne und Quark vermeiden wollen. Das Tofu mit dem Schneebesen schlagen oder kurze Zeit im Mixer verarbeiten. Mit etwas Zitronensaft, einer Prise Meersalz und Vanille oder mit geriebener Zitronenschale abschmecken. Mit etwas Honig süßen oder eine Banane untermischen.

Mexikanischer Maispudding
6 Personen

1 dl Rosinen
6 dl Apfelsaft (verdünnt)
1¾ dl Maismehl (Polenta)
5 EL Sojamehl
2 EL Maisöl
½ TL Meersalz
½ TL Zimt
ca. 1 dl gehackte Nüsse
3 Äpfel

Die Rosinen 2–3 Minuten in dem Apfelsaft kochen und eine Weile ziehen lassen. In einer Bratpfanne das Maismehl ca. 5 Minuten darren. Mit den Rosinen und den übrigen Zutaten (ausgenommen die Äpfel) sowie der Kochbrühe vermischen.
Die Äpfel grob reiben oder in Scheiben schneiden und hinzufügen. Den Teig in eine gefettete Form geben und ca. 1 Stunde bei 175° backen.
Anstatt die Nüsse dazwischenzumischen, kann man sie auch darüberstreuen.

Maiseierkuchen
4 Personen

2 dl gedarrtes Maismehl
5 dl kochendes Wasser
¾ dl Reismehl
½ TL Meersalz
1 EL Öl

Das Maismehl bis zum Farbwechsel darren, dann mit dem Schneebesen in das kochende Wasser einrühren. Reismehl, Meersalz und Öl zugeben. Zu einem glatten Teig verrühren. In dem Maisöl kleine Eierkuchen braten. Mit Preiselbeeren oder Nitukégemüse servieren.

Vollkorneierkuchen
4 Personen

4½ dl Vollkornmehl (entweder
Graham oder
Roggen + Buchweizen oder Hafer
oder Gerste)
1 TL Meersalz
3 EL Öl
½ l eiskaltes Mineralwasser

Alle Zutaten zu einem Teig vermischen und 20 Minuten quellen lassen. In etwas Maismehl dünne Eierkuchen ausbacken.

Pfannkuchen mit Quarkfüllung
4–6 Personen

5 dl Grahammehl, evtl. zur Hälfte Weizenmehl
1 TL Meersalz
1 dl Sojamehl
ca. 8 dl Wasser oder Pflanzenmilch
2 dl Sesamsamenmix (übriggeblieben von der Sesammilchbereitung)
2 EL Maisöl

Füllung
300 g Quark
4 EL Korinthen
2 EL gehackte Nüsse
geriebene Schale von ½ Apfelsine
1 EL Saft

Alles zu einem Teig vermischen und ca. 20 Minuten quellen lassen. In wenig Öl kleine, dünne Pfannkuchen ausbacken. Die Pfannkuchen mit dem Quark bestreichen und zusammenrollen, mit ungezuckertem Fruchtmus servieren.

Tips
Eierkuchen abwechselnd mit Aprikosenmus zu einer »Eierkuchentorte« übereinanderlegen. Eventuell Sahnequark oder mit dem Schneebesen angerührtes Tofu dazu reichen.

Buchweizeneierkuchen
4 Personen

2 dl Buchweizenmehl
1 dl Weizenkeime und
1 dl Grahammehl
½ dl Sojamehl
1 TL Meersalz
ca. ¾ l Wasser oder Pflanzenmilch
3 EL Öl

Alle Zutaten zu einem Teig vermischen und 20 Minuten quellen lassen. In wenig Öl dünne Eierkuchen ausbacken.

Aprikosensoße
125 g getrocknete Aprikosen
1 dl Rosinen
9 dl Wasser oder verdünnter Apfelsaft
1 Stück Zimt
1 TL Agar-Agar + 1 dl Wasser
(evtl. Zitronensaft)

Die Früchte abwaschen und einige Stunden im Apfelsaft einlegen. Zusammen mit dem Zimt weichkochen. Den Zimt herausnehmen und alles im Mixer zu einer Soße verarbeiten. Agar-Agar in Wasser anrühren und zusetzen. Unter Umrühren aufkochen, eventuell mit etwas Zitronensaft abschmecken. Kalt zu Maispudding usw. servieren.

Preiselbeerapfelmus ohne Zucker
300 g Rosinen, möglichst helle
1 Stück Zimtstange
Wasser
1 kg Preiselbeeren, am besten etwas überreif
½–1 kg Äpfel
1 gestrichener TL Meersalz
(Malzextrakt oder Honig)

Die gewaschenen, fein gehackten Rosinen werden zusammen mit der Zimtstange in einer Kleinigkeit Wasser angesetzt. 15 Minuten kochen lassen und ab und zu umrühren. Die geputzten und abgespülten Preiselbeeren sowie die in Stücke geschnittenen Äpfel zusetzen. 20 Minuten oder bis die Äpfel auseinanderfallen, kochen. Meersalz zugeben.
Nicht vergessen umzurühren, die Rosinen legen sich leicht am Boden an und können anbrennen. Ist noch zuviel Flüssigkeit da, kann sie bei abgenommenem Deckel eingekocht werden. Falls gewünscht, mit einigen Eßlöffeln Malzextrakt oder Honig abschmecken.

Apfelküchle
6 Personen

Teig
2 dl Grahammehl
½ dl Buchweizenmehl
2 EL Sojamehl
½ TL Meersalz
3 dl eiskaltes Mineralwasser
½ TL gemahlener Zimt
4–5 Äpfel (ca. 400 g)
Maisöl zum Braten

Den Teig zusammenrühren, jedoch nicht zu stark schlagen. Die Äpfel waschen, entkernen und in Ringe schneiden. Die Apfelringe in Mehl wenden und in den Teig tauchen. In warmem Öl braten.

Apfelpastete
6–8 Personen

Pastetenteig
150 g Butter oder Reformmargarine
4½ dl Grahammehl und ½ TL Meersalz
ca. ½ dl kaltes Wasser

Füllung
6 mittelgroße Äpfel
2 EL flüssiger Honig oder 1 dl fein gehackte Rosinen
1 TL Zimt
½ TL gemahlene Gewürznelken
(Zitronensaft)

Die Butter in Mehl zu einer körnigen Masse verrühren, Wasser zusetzen und rasch zu einem geschmeidigen Teig verarbeiten. Den Teig in zwei Hälften aufteilen und ca. 10 Minuten im Kühlschrank liegenlassen. Einen Teil des Teiges ausrollen und in eine Pastetenform oder Bratpfanne legen. Einige Minuten bei 225° leicht backen.
Die Äpfel in schmale Stücke schneiden und mit den übrigen Zutaten vermischen, 1 Eßlöffel Mehl darüberstreuen. Die Füllung auf den Pastetenboden legen. Die andere Hälfte des Teigs zum Abdekken ausrollen und darüberlegen. In die Oberseite einige Schnitte machen und die Pastete bei 225° ca. 30 Minuten backen, bis sie die richtige Farbe hat und die Äpfel weich sind.

Im Ofen gebackene Äpfel
4 Personen

4 Äpfel

Füllung
4 TL Malzextrakt oder Demetersirup
2 EL Öl oder angerührtes Tahin
1 TL Zimt
1 EL gehackte Rosinen
1 TL Zitronenmelisse
½ dl Weizenkleie
¼ TL Meersalz

Die Äpfel waschen, aber nicht schälen. Mit einem Apfelausstecher das Kernhaus entfernen. Die Äpfel in eine gefettete Form legen.
Die Füllung zusammenmischen und in die ausgestochenen Äpfel geben. Die Form bei 225° in den Ofen stellen und ca. 30 Minuten, bis die Äpfel weich sind, backen. Mit einer Nadel prüfen.

Festliche Mahlzeit mit überbackener Hirse und Sauerkrautsalat, garniert mit Endivienblättern und Äpfeln. Zum Dessert Petits choux mit Sahnequark.

Apfeltaschen
15 Stück

Pastetenteig
150 g Reformmargarine
3 dl Roggenmehl
2 dl Weizenmehl
1 dl kaltes Wasser
½ TL Meersalz

Füllung
5–6 Äpfel
1 TL Zimt oder etwas geriebene Zitronenschale
2 EL flüssigen Honig oder Zuckerrübensirup
1 EL Grahammehl

Den Pastetenteig nach obigem Rezept anrühren und eine Zeitlang kalt stellen.
Die Äpfel grob reiben und mit den übrigen Zutaten vermischen.
Den Teig auf einem mit Mehl bestreuten Backblech ausrollen und in viereckige Stücke von ungefähr 10 mal 10 cm schneiden. In die Mitte jedes Stückes einen Teelöffel der Füllung legen und die vier Enden zu einer »Tasche« zusammendrükken.
Bei 225° backen, bis sie eine leichte Farbe annehmen, etwa 25 Minuten.

Äpfel mit Roggenfüllung
4 Personen

4 Äpfel

Füllung
4 TL Haselnußcreme (oder leicht geröstete, gemahlene Nüsse)
2 TL Honig oder Demetersirup
¼ TL Meersalz
2 EL gedarrtes Roggenmehl
einige EL Wasser

Die Äpfel waschen, aber nicht schälen. Mit einem Apfelausstecher das Kernhaus entfernen. In eine gefettete Form geben und die obenstehende Mischung in die ausgestochenen Äpfel füllen. Bei 225° ca. 30 Minuten, bzw. bis die Äpfel weich sind, backen.

Aprikosenpastete
6–8 Personen

1 Portion Pastetenteig
200 g getrocknete, ungeschwefelte Aprikosen
2 TL Kouzo oder Pfeilwurzpulver
Wasser
Zitronensaft
(Apfelscheiben)

Die gewaschenen Aprikosen einige Stunden einweichen und dann weichkochen. Im Mixer zu Püree verarbeiten oder sie mit dem Schneebesen zerkleinern. Mit in etwas kaltem Wasser angerührtem Kouzo oder Pfeilwurz andicken. Nach Belieben Zitronensaft zufügen.
Den Pastetenteig als Boden ausrollen. In eine längliche Pfanne legen und einige Minuten bei 225° leicht anbacken. Die Aprikosenfüllung und eventuell einige dünne Apfelscheiben auflegen. Den Rest des Teiges ausrollen und in schmale Streifen rädeln. Die Streifen gitterartig auflegen und die Pastete bei 225° bis zur richtigen Farbe backen.

Backpflaumensoufflé
4 Personen

200 g getrocknete Backpflaumen
3 Bananen
2–3 Äpfel
1 dl selbstgemachter Quark
1 dl im Mixer verrührtes Tofu
1 dl Sesammix (übriggeblieben von der Herstellung von Sesammilch)
1 EL Paniermehl
1 Messerspitze gemahlener Kardamom
etwas Meersalz
¼ dl Sonnenblumenkerne

Kochendheißes Wasser über die Pflaumen gießen und ein Gewicht darauflegen. ½ bis 1 Stunde stehen lassen. Die Kerne entfernen und die Pflaumen kleinschneiden. Die Bananen in Scheiben schneiden und die Äpfel grob reiben. Quark, Tofu, Sesammix und Paniermehl im Mixer verarbeiten und abschmecken. Alles vermischen und in eine gefettete, feuerfeste Form geben. Die Sonnenblumenkerne darüberstreuen. Bei 200° backen, bis das Soufflé Farbe bekommen hat.

Rhabarberdessert
4 Personen

1 Stück Vanilleschote
2 fein gehackte Feigen
½ l Wasser
400 g junger, fein geschnittener Rhabarber
ca. 2 EL Malzextrakt
eine Prise Meersalz

Vanilleschote und Feigen kurze Zeit im Wasser kochen. Den fein geschnittenen Rhabarber zugeben. Die Kasserolle auf die Seite stellen und bei geschlossenem Deckel ziehen lassen, bis der Rhabarber weich ist. Mit Malzextrakt süßen.

Sesambonbons
3 dl ungeschälter Sesamsamen
1 EL Öl
1 dl Malzextrakt
1 Prise Meersalz

Den Sesamsamen gut waschen und abtropfen lassen. Ca. 7 Minuten auf einem Blech im Ofen bei 225° trocknen. Den warmen Sesamsamen mit Öl und Malzextrakt zusammenrühren, eine kleine Prise Meersalz zugeben.
Den Teig auf einem Backpapier (Butterbrotpapier geht nicht gut) in eine Bratpfanne geben. Einige Minuten in den Ofen stellen, bis die Masse zerlaufen ist. Aufpassen, daß nichts anbrennt! Auf der Platte erstarren lassen und in Stücke brechen. Sind die Bonbons immer noch weich, können sie nochmals eine kurze Weile in den Ofen gestellt werden.

Brot

Der herrliche Duft von selbstgebakkenem Brot läßt jeden Backtag zu einem Festtag werden. Der Besitz einer Getreidemühle, in der man zu jedem Brotbacken das Mehl frisch mahlen kann, bietet einen großen Vorteil. Sowohl Geschmack wie Quellfähigkeit und Lagerfähigkeit des Brotes werden viel besser, als wenn man abgelagertes Mehl verwendet. Frisch gemahlenes, duftendes Vollkornmehl gibt jedem Backwerk ein fast nußartiges Aroma und einen besonderen Geschmack.
Damit der Teig die richtige Konsistenz bekommt, sollte man beim Backen mit Vollkornmehl daran denken, daß Kleie längere Zeit quellen muß als weißes Mehl.
Brot kann auf verschiedene Arten hergestellt werden: mit Hefe, Sauerteig, Honigbackferment oder mit Bikarbonat u. ä. Man kann auch sogenanntes ungegorenes Brot bakken (Chapati) oder selbstgetriebenes Brot.
Backpulver, Bikarbonat und Hirschhornsalz sind nicht zu empfehlen, zumindest nicht für das *tägliche* Brot. Diese Stoffe schaffen ein basisches (alkalisches) Milieu, das die Vitamine B zerstört, besonders das wichtige Thyamin (B_1). Auch für empfindliche Mägen ist Backpulverbrot nicht geeignet. Im Ausnahmefall kann es für feineres Backwerk an Festtagen verwendet werden, nicht aber täglich.

Der Vorteil des Sauerteigbrotes liegt darin, daß das Mehl sich bei der Gärung verändert. Es wird in einfache Bestandteile aufgespalten und so leichter verdaulich. Darüber hinaus entwickelt es einen ganz anderen Geschmack und ein ganz anderes Aroma. Der Nachteil der Hefe liegt darin, daß der ganze Prozeß zu schnell vor sich geht, so daß das Mehl sich nicht umwandeln kann. Mit Hefe gebackenes Brot ist schwerer verdaulich und macht uns müde – Sauerteigbrot gibt uns Energie.
Auch was die Haltbarkeit betrifft, ist das Sauerteigbrot überlegen. Richtig aufbewahrt, hält es sich mehrere Wochen und wird dabei nur besser. Eigentlich bekommt Roggenbrot erst nach 8 bis 10 Tagen Lagerung den besten Geschmack. Je mehr Roggen das Brot enthält, desto länger hält es sich frisch.

Phytin

Im Vollkorngetreide ist ein Stoff enthalten, der Phytin heißt und der von einem Enzym aufgespalten wird (Phytase). Dieses Enzym kommt besonders in Roggen und Weizen vor und wird durch Wasser und Wärme aktiviert. Deshalb ist es wichtig, daß jedes Vollkornbrot ausreichend lang aufgehen kann, wie es bei der Sauerteigbereitung der Fall ist. Die an das Phytin gebundenen Mineralstoffe werden dann frei, so daß wir sie ausnutzen können.

Das Phytin wird aufgespalten durch einen niedrigen pH-Wert (ca. 5) und über längere Zeit (mindestens 6 Stunden Einweichen oder Gehen – auch bei Keimen) sowie bei der richtigen Temperatur. Nach 1½ Stunden Gehen sind noch 58% des Phytins vorhanden, nach 8 Stunden Einweichen oder Gehen nur noch 5%.

Früher brühte man oft das Mehl vor dem Backen, und man erhielt so ein saftiges und haltbares Brot. Abends goß man heißes Wasser über einen Teil des Mehls und ließ es bis zum nächsten Morgen stehen, an dem man dann Hefe und die übrigen Zutaten zusetzte.

Will man Mehl brühen, sollte die Temperatur des Wassers 80° nicht übersteigen – die ideale Temperatur für das Enzym ist 53°.

Aufbewahrung von Brot

Das Einfrieren von Brot sollte man vermeiden; bestimmte Vitamine B werden zerstört, und ein großer Teil des Aromas geht verloren. Ebensowenig sollte es in dichtschließenden Plastiktüten aufbewahrt werden. Brot muß luftig und kühl lagern. Der Kühlschrank ist indessen auch kein geeigneter Aufbewahrungsplatz – das Brot wird dort sehr schnell altbacken.

Am besten hält es sich in einem Steinguttopf, auf der Schnittkante stehend und mit einem Handtuch abgedeckt. Der Topf muß alle zwei Wochen sorgfältig mit Essigwasser ausgewaschen werden und gründlich in der Luft trocknen.

Richtig aufbewahrt, schimmelt ein gut durchgebackenes Brot nicht.

Ein trocken gewordenes Brot kann im Backofen wieder aufgefrischt werden. Kurz in kaltes Wasser eintauchen und ca. 20 Minuten in einen 200° heißen Backofen legen. Es wird wieder wie frisch gebacken.

Man sollte kein Brot wegwerfen, nur weil es trocken und hart geworden ist. Trockenes Brot kann zu Paniermehl gemahlen oder gerieben werden oder man verwendet es als Brotwürfel in Suppen und Bouillon, oder man macht daraus eine Misopastete (siehe S. 160).

Brot ist zu allen Zeiten ein heiliges und geachtetes Symbol gewesen, es verdient, mit Respekt behandelt zu werden.

Eigentlich macht Brotbacken, ist man erst einmal hineingekommen, viel weniger Arbeit als Kuchenbacken. Insgesamt gesehen ist außerdem der Energieverbrauch für selbstgebackenes Brot, im Vergleich zu dem Fabrikgebackenen, niedriger.

Tips

Meist ist der häufigste Grund dafür, daß der Teig nicht geht, daß er während des Gehens zu kalt hat. Doch kann auch ein zu schlechtes Gärvermögen der Kultur die Ursache sein. (Importierter Honig ist meist erhitzt und als Honigbackferment nicht geeignet.) Um dennoch backen zu können, kann man dann etwas gewöhnliche Backhefe in Wasser anrühren und in den Teig einarbeiten; danach läßt man ihn wie gewöhnlich gehen. (Es empfiehlt sich, ein Thermometer zu benutzen, um die Temperatur während des Gehens zu kontrollieren.)

Sauerteig

Es gibt verschiedene Arten, Sauerteig herzustellen. Die gebräuchlichste Art ist, einfach etwas Roggenmehl mit Wasser zu einem Teig anzurühren und ihn zum Säuern einige Tage warm zu stellen. Dann setzt man abwechselnd mehr Mehl und Wasser zu und läßt ihn gären. Eine andere Methode, die von Annelies Schöneck entwickelt wurde, ist, Brot mit *Honigbackferment* zu backen. Durch den Honig erhält man die feinsten Hefepilze, die es in der Natur gibt, und im Grunde ist es ein uraltes Verfahren, Brot zu backen.

Eine gewöhnliche, aus Roggenmehl hergestellte Sauerteigkultur funktioniert nur bei Roggenbrot oder bei Mischungen, in denen der Roggen überwiegt. Honigbackferment dagegen läßt sich bei allen Getreidesorten verwenden, auch bei Hirse und Buchweizen. Wenn man will, kann man also ein völlig glutenfreies Sauerteigbrot backen.

Aufgehen. Wichtig ist die Temperatur während des Aufgehens. Sie sollte um 25 bis 30° betragen. Steht der Sauerteig zu kalt, stockt das Aufgehen, und im Teig geschieht nichts. Im schlimmsten Fall können bei Temperaturen unter 20° die Essigsäurebakterien, die kein Gärvermögen besitzen, gegenüber den Milchsäurebakterien überhandnehmen.

Hat man Schwierigkeiten, einen genügend warmen Platz zum Gehen zu finden, kann man sich mit einem Wärmebehälter, einem Heizkissen o. ä. behelfen. Auch die Wärme neben einem Heizkörper kann man

ausnutzen oder den Teig auf den Herd und den Backofen auf 50 bis 100° stellen. Man kann ja die Gelegenheit wahrnehmen, in dieser Zeit mehrmals Getreide zu darren.
Die zum Gehen notwendige Zeit abzuschätzen, ist eine Kunst, die man lernen muß. Sie hängt von der Menge des Treibmittels, der Temperatur und anderen Faktoren ab. Ist das Brot zu groß geworden und zu gut aufgegangen, hat es keine Kraft mehr, im Ofen genügend hoch aufzugehen, es sinkt vielmehr zusammen.
Backen. Brot in einer unglasierten Tonform (Römertopf) zu backen, bringt viele Vorteile mit sich. Gleichmäßigere Wärme, gleichmäßigere und bessere Feuchtigkeit, die Form des Brotes bleibt erhalten, die Backzeit kann variiert werden und das Brot trocknet nicht aus.
Man muß nur daran denken, die Tonform nie in den heißen Backofen zu stellen, sie kann sonst springen.

Annelieses Sauerteigbrot I
mit Honigbackferment
in der Tonform gebacken

Honigbackferment beim ersten Ansetzen
Erster Tag
1 TL Honig
½ dl Wasser mit 40°
1½ EL frisch gemahlenes Grahammehl
1½ EL Weizenmehl

Die Zutaten gut in einem Einmachglas (¾ l) vermischen. Das Glas leicht abgedeckt 24 Stunden bei 25 bis 30° stehen lassen. Zwischendurch umrühren.

Zweiter Tag
Zusetzen: ¾ dl Wasser mit 40°
½ dl frisch gemahlenes Grahammehl
½ dl Weizenmehl

Alles zusammenrühren, bis es ein dicker Teig ist. Warm stehen lassen.

Dritter Tag
Wasser und Mehl wie gestern zusetzen. Warm stehen lassen. Nach 12 Stunden sollte man sehen, daß der Gärvorgang begonnen hat. Einen Deckel auf das Einmachglas setzen und in den Kühlschrank stellen. Der Teig hält sich mehrere Monate.

Verlängerung des Honigbackferments
Geht das Honigbackferment zu Ende, kann man es folgendermaßen vermehren:

1 TL Honig
1 EL Honigbackferment
1 dl Grahammehl
1 dl Weizenmehl
1½ dl Wasser mit 40°

Alles vermischen und an einen warmen Platz (25 bis 30°) stellen. Es ist normalerweise in 12 Stunden fertig. Wie vorher im Kühlschrank aufbewahren.

Annelieses Sauerteigbrot II
mit Honigbackferment, in der Tonform gebacken

Brotbacken
Grundrezept
ca. 1¼ l frisch gemahlenes Roggenmehl, evtl. gemischt mit einigen dl Grahammehl und/oder Gerstenmehl
1 l Wasser mit 40°
1 gestrichener EL Honigbackferment
1 EL Honig
2 EL zerriebene Brotgewürze (Anis, Fenchel, Kümmel, Koriander)
1 EL Meersalz
ca. 1 l Grahammehl

Abends
Das Roggenmehl in eine Teigschüssel geben. Das Mehl soll ungesiebt und am besten frisch gemahlen sein. Das warme Wasser darübergießen. Honig und Honigbackferment in etwas warmem Wasser anrühren und zugeben. Alles gut mischen und die Schüssel abdecken. Der Teig sollte wie ein Brei sein. Warm, bei 25 bis 30° über Nacht, sonst 8 bis 12 Stunden stehen lassen.

Morgens
Die Tonform mindestens ½ Stunde in warmes Wasser stellen. Die Brotgewürze zerreiben und zusammen mit dem Meersalz in den Teig mischen. Das Grahammehl zugeben und im Teig 10 bis 15 Minuten quellen lassen. Er sollte nicht so fest sein, daß er auf dem Backbrett geknetet werden kann, sondern eher wie ein festerer Brei. Nach einer Weile, falls nötig, noch etwas Grahammehl zusetzen, damit der Teig die richtige Konsistenz bekommt. Den Teig mit einer Holzgabel gut in der Teigschüssel verarbeiten. (Wird der Teig mit der Maschine verarbeitet, ist es schwerer, das richtige Gefühl für die Mehlmenge zu bekommen.) Die Tonform in heißem Wasser spülen und abtrocknen. Das Unterteil einfetten und den Teig hineingeben (Achtung! Die Form nicht mehr als zu ⅘ füllen). Die Oberfläche mit der angefeuchteten Hand glattstreichen. Mit dem Messer einige tiefe Schnitte machen, damit der Teig nicht rissig wird. Den Deckel aufsetzen und das Brot an einem warmen Platz (25 bis 30°) einige Stunden, oder bis es sich leicht hebt, gehen lassen. Die Form in den *kalten* Ofen setzen. Thermostat auf 175° stellen. 2 Stunden backen. Das Brot eine Weile in der Form abkühlen lassen, dann, bis es ganz ausgekühlt ist, in ein Backtuch und eine Decke einwickeln. Den Laib wieder in die gereinigte Form legen und kühl verwahren. Die ersten zwei Tage das Brot nicht anschneiden.

Im Hintergrund Annelieses Sauerteigbrot, in der Tonform gebacken. Auf dem Schneidbrett Chapati und vorne Gerstenkringel, Roggenkekse und Rosenbrot.

Für einen kleineren Haushalt kann das Rezept halbiert werden. Man kann es mit verschiedenen Mehlmischungen, Gewürzen oder getrockneten Früchten usw. variieren. Ein Teil des Teiges kann auch gut zu Fladenbrot ausgewalzt werden, wenn man mehr Mehl zumischt.

Buchweizenbrot
2 Laibe

50 g Hefe
8 dl lauwarmes Wasser
3 EL Öl
2 TL Meersalz
1 EL Thymian
500 g Buchweizenmehl (9 dl)
500 g Grahammehl (9 dl)

Die Hefe in lauwarmem Wasser auflösen, Öl, Salz, Thymian und das Mehl nach und nach zusetzen. Alles zu einem ziemlich festen Teig verarbeiten, gut kneten und in zwei gefettete Formen verteilen. Das Brot zum Aufgehen ca. 1 Stunde mit einem Tuch abgedeckt an die Seite stellen. Bei 200° backen.

Finnische Gerstenlaibe
2 Brote

4 dl Wasser
4 dl Molke von der Quarkherstellung (S. 159)
50 g Hefe
4 EL Öl
2 TL Meersalz
2 TL zerriebener Anis
1 l Gerstenmehl
ca. 1 l Weizenmehl

Wasser mit Molke auf 37° erwärmen. Die Hefe auflösen, Öl, Meersalz, Gewürze und Gerstenmehl zugeben. Nach und nach das Weizenmehl zufügen und zu einem geschmeidigen Teig verarbeiten. An einem warmen Platz zugedeckt ca. 30 Minuten zum Gehen stehen lassen.
Den Teig auf dem Backblech gut durcharbeiten und zwei runde Laibe daraus formen. Mit einer Gabel einkerben und gründlich gehen lassen. 30 Minuten backen; zuerst 15 Minuten bei 250°, dann weitere 15 Minuten bei 200°. Die Unterseite soll sich fest und hart anfühlen. Das Brot auf einem Gitter, mit einem Tuch abgedeckt, abkühlen lassen.

Leinsamenbrot
4 Brote

5 dl lauwarme Molke
10 g Hefe
1 EL Honig
1,3 l lauwarmes Wasser
ca. 4½ l Grahammehl
1 dl gewaschener Leinsamen
(1 EL zerriebener Koriander)

Dieses Brot benötigt lange Zeit zum Gehen.
Nach dem obigen Rezept einen Hefeteig machen. 3 Stunden bei 30° gehen lassen, z. B. über einer Wanne mit heißem Wasser. Den Teig gut kneten, Leinsamen und eventuell zerriebenen Koriander zusetzen. Zu Brot oder Brötchen formen. Die Brötchen eng nebeneinander in eine Springform o. ä. setzen. 30 Minuten gehen lassen. Größere Brote 1½ Stunden bei 180° backen, kleinere Brote ca. 40 Minuten bei 200°. Mit Sesamsamen, etwas Öl und Rosinen im Teig anstelle des Leinsamen wird das Brot »kuchenähnlich«.

Rosenbrötchen
30 Stück

5 dl Wasser oder Molke
50 g Hefe
1 TL Meersalz
2 TL Honig
1,5 l Grahammehl (800 g)
1 dl Öl

Zum Einpinseln
1 Ei oder 1 dl saure Milch
Mohn

Die Flüssigkeit auf 37° erwärmen und die Hefe anrühren. Salz und Honig sowie die Hälfte des Mehls zugeben. Alles gut mischen und 10 Minuten zugedeckt an einem warmen und zugfreien Platz stehen lassen. Das Fett einrühren, nach und nach den Rest des Mehls zugeben und zu einem geschmeidigen Teig verarbeiten. 20 Minuten gehen lassen.
Den Teig gut auf dem Backbrett durcharbeiten und in drei Laibe ausrollen. Diese in je 10 Stücke teilen. Die Stücke zu runden Brötchen formen. Ein Kreuz in jedes Brötchen schneiden und sie zum Gehen auf Bleche legen.
Mit dem geschlagenen Ei oder etwas saurer Milch einpinseln und Mohn daraufstreuen.
10 bis 15 Minuten bei 250° backen.

Rosinenbrötchen
ca. 30 Stück

5 dl Pflanzenmilch oder Wasser
1 EL Honig
25 g Hefe
1 TL Meersalz
1,5 l Grahammehl (800 g)
½ dl Öl
2½ dl Rosinen
Weizenkleie

Nach obigem Rezept einen Hefeteig machen. Den Teig gut kneten, dann die Rosinen einarbeiten. Anschließend den Teig etwa 2½ cm dick auswalzen, runde Brote (z. B. mit Hilfe eines Glases) daraus stechen, mit Wasser einpinseln und in die Weizenkleie tauchen. Die Brote auf ein eingefettetes Blech legen, mit einem Handtuch abdecken und 45 Minuten gehen lassen. Bei 225° ca. 30 Minuten backen.

Tips
Es ist fast unmöglich, die genaue Mehlmenge zum Backen anzugeben, besonders, wenn es sich um selbstgemahlenes Mehl handelt. Bedingungen wie die Mahlfeinheit des Mehls und der Feuchtigkeitsgehalt des Getreides spielen eine große Rolle. Viele Meßbecher sind darüber hinaus äußerst ungenau. Je nachdem, was man mißt, gibt es große Unterschiede. Deshalb ist es besser, das Mehl nach und nach zuzugeben, bis der Teig richtig ist und auf dem Backbrett bearbeitet werden kann.

Tips zum Backen von Hefebrot

Hat man Zeit, kann man gut etwas weniger Hefe nehmen und statt dessen den Teig etwas länger gehen lassen, besonders wenn man Vollkornmehl anwendet.
Eine andere Möglichkeit ist, das Vollkornmehl über Nacht einzuweichen. Man gießt heiße Flüssigkeit über den größten Teil des Mehls (etwas von der Flüssigkeit aufbewahren, um die Hefe darin anzurühren). Am nächsten Tag setzt man die angerührte Hefe und eventuell Fett und Gewürze zu und arbeitet mit dem Rest des Mehls einen Teig aus. Das ergibt ein saftiges und gutes Brot. Außerdem wird das Phytin im Vollkornmehl beim Einweichen aufgespalten. (Die Mehlmischung sollte nicht kalt sein, wenn man die Hefe zusetzt.)

Roggenstückchen
20 Stück

25 g Hefe
4 dl lauwarmes Wasser oder Molke
1 TL Honig
2 EL Öl
1 TL Meersalz
1 EL zerstoßener Kümmel
8 dl Roggenmehl
4 dl Weizenmehl

Die Hefe in der lauwarmen Flüssigkeit anrühren, Honig, Öl, Salz und Kümmel sowie das Mehl zugeben. Zu einem geschmeidigen Teig verarbeiten. Den Teig zu einem rechteckigen Kuchen ausrollen, ca. 30 mal 40 cm, und in eine gefettete, längliche Pfanne geben. Den Kuchen einkerben und in 20 viereckige Stücke schneiden oder rädeln. Etwa 45 Minuten gehen lassen. Bei 225° ca. 25 Minuten backen. Mit warmem Wasser einpinseln und das Brot unter einem Backtuch abkühlen lassen.

Hefeteig zu Pizza usw.

Grundrezept
25 g Hefe
1 TL Meersalz
4 dl lauwarmes Wasser
2 EL Öl
ca. 8 dl Grahammehl
ca. 4 dl Weizenmehl (Hirsemehl)
1 TL zerriebener Koriander
1 TL Kümmel

Der Teig reicht für eine große Pizza mit rechteckiger Form (die halbe Menge reicht für eine runde Form von ca. 26 cm Durchmesser).
Hefe und Salz im Wasser auflösen. Öl, Grahammehl und Weizenmehl

nach und nach bis zur richtigen Teigkonsistenz zugeben.
Den Teig gründlich durcharbeiten, bis er glänzend und geschmeidig ist. Mit einem Tuch abdecken und ca. 30 Minuten zum Gehen an einem warmen und zugfreien Platz stehen lassen. Das Weizenmehl kann gegen Hirsemehl ausgetauscht werden, was die Pizza besonders knusprig macht.

Chapati
12 Stück

5 dl Grahammehl
1 TL Meersalz
2½ dl kochendes Wasser
Olivenöl

Salz und Mehl mischen. Über die Hälfte des Mehls das Wasser gießen und umrühren. Den Rest des Mehls zugeben und einen geschmeidigen Teig machen. Ca. 10 Minuten ruhen lassen.
Den Teig in 12 Teile aufteilen und jeweils zu kleinen Bällchen formen. Jedes Bällchen auf einem mit Mehl bestreuten Backblech papierdünn ausrollen. Mit einer Gabel einkerben, überschüssiges Mehl abbürsten. In einer Bratpfanne backen.
Die Bratpfanne dünn mit Hilfe von Haushaltspapier mit Olivenöl einfetten. Das Brot umdrehen, sobald es auf der Unterseite die richtige Farbe bekommen hat.

Zwiebelkuchen
10 g Hefe
½ TL Meersalz
2 dl lauwarmes Wasser
4 dl Grahammehl (ca. 1 dl zum Ausbacken aufheben)
2 dl Roggenmehl
2 EL Öl

Füllung
400 g Zwiebeln
2 EL Olivenöl
1 TL körniger Salzersatz
½ TL Meersalz
80 g Tartexpaste
2 EL Sojamehl und etwas Wasser
2 TL Zitronensaft
1 EL gemischte Würzkräuter (Majoran, Thymian, Basilikum, Liebstöckel)
1 TL Kümmel
50 g geriebener Käse
1 EL Petersilie

Nach obigem Rezept einen Hefeteig machen. Die Zwiebel hacken und 5 Minuten in dem Öl anschmoren. Salzersatz und Tartexpaste zusetzen. Abkühlen lassen. Das Sojamehl mit dem Zitronensaft und etwas Wasser zu einem Teig anrühren und die geschmorte Zwiebel sowie die zerriebenen Gewürze zugeben.
Den Teig ausrollen und in eine eingefettete und mit Mehl bestreute, runde Form (Springform) geben. Die Kante soll rundherum ca. 2½ cm hoch sein. Die Zwiebelmischung auf dem Teig verteilen und geriebenen Käse darüberstreuen.
Die Form bei 200° auf den untersten Rost im Backofen stellen und ungefähr 40 Minuten backen. Mit Salat servieren.
Anstelle von geriebenem Käse kann

man etwas Quark, mit 1 Eßlöffel Öl und ½ Teelöffel Paprikapulver angerührt, darauflegen.

Tips
Der Zwiebelkuchen kann auch anstatt mit Hefeteig mit dem Pastetenteig gemacht werden (siehe rechts, halbe Menge).

Ungegorenes Brot
20–25 Stück oder 1 Backblech

Dieses Brot ist sehr einfach zu machen und paßt fast zu allem. Das Brot wird am besten sofort gegessen, es läßt sich nicht gut aufheben. Übriggebliebenes Brot kann im Ofen bei 200° in 10 Minuten aufgefrischt werden.

250 g Weizen
50 g Hirse
50 g Gerste
1 TL zerstoßener Kümmel
1 TL zerriebener Koriander
1 TL zerriebener Fenchel
1 TL Meersalz
(50–100 g geriebener Käse)
3½ dl eiskaltes Mineralwasser
3 EL Olivenöl

Zum Garnieren
Sesam oder Kümmel
darüberstreuen

Pastetenteig

Grundrezept
ca. 8 dl Grahammehl
1 TL Meersalz
2 dl Öl
1 dl Wasser

Mehl und Salz vermischen, Öl und Wasser einrühren. Rasch zu einem geschmeidigen Teig verarbeiten. Wenigstens 10 Minuten im Kühlschrank ruhig stehen lassen, bevor er ausgerollt wird.
Das Mehl fein mahlen und die Gewürze, Salz und evtl. den geriebenen Käse zugeben. Mineralwasser und Öl daranrühren. Den Teig gut mischen und zugedeckt 2 bis 4 Stunden zum Quellen stehen lassen. Ein Backblech einfetten und den Ofen auf 225° aufheizen. Den Teig, sobald er fertig gequollen ist, mit einem Löffel häufchenweise auf das Backblech verteilen und die gewünschte Garnierung darüberstreuen. Das Blech in die Mitte des Ofens schieben und ca. 20 Minuten backen. Mit Keso servieren.

Variation
Zur Abwechslung kann man ein »kräuterwürziges Zwiebelbrot« backen. Fein gehackte Zwiebelwürfel und eine gepreßte Knoblauchzehe in den Teig einrühren und als Garnierung Kümmel darüberstreuen. Dieses Brot wird außen knusprig und innen etwas weich. Je dünner das Brot gemacht wird, desto knuspriger wird es. Das ist Geschmackssache. Selbst probieren!

Reispiroggen
ca. 20 Stück

10 dl Grahammehl
1 TL Meersalz
2 dl Öl
ca. 1½ dl kaltes Wasser

Füllung 1
3 dl gekochter, unbehandelter Reis
4 dl geschmortes Gemüse (Nituké, siehe S. 120) oder geschmorte Pilze
1 gepreßte Knoblauchzehe
2 EL Tomatenpüree
körniger Salzersatz oder Kräutersalz nach Belieben

Füllung 2
(Russische Piroggen)
4 dl gekochter, unbehandelter Reis
1 große Zwiebel (gehackt und angebräunt)
3 EL Dill
5 EL gekochte, gehackte Wakame-Algen
körniger Salzersatz nach Belieben
1½ dl Keso oder Tofu (siehe S. 162)

Nach obigem Rezept einen Pastetenteig machen. In den Kühlschrank stellen und währenddessen die Füllung vorbereiten.
Den Teig auf einem mit Mehl bestreuten Backbrett ca. 3 mm dick ausrollen. Runde Kuchen mit 10 bis 12 cm Durchmesser machen. Die Füllung mischen und auf jeden runden Boden davon einen gestrichenen Eßlöffel voll legen. Zu Halbmonden zusammenlegen. Die Kanten mit einer Gabel festdrücken. Mit geschlagenem Ei oder mit saurer Milch einpinseln. Eventuell etwas Kümmel darüberstreuen. Bei 225° ca. 15 Minuten backen, bis die Piroggen etwas Farbe angenommen haben.

Käsepiroggen
ca. 20 Stück

Ein Pastetenteig nach obigem Rezept

Füllung
ca. 4 dl selbstgemachter Quark (S. 159)
2 dl geriebener Käse
1 TL Paprikapulver
Tamari nach Belieben
1 TL zerriebener Dill oder Kümmel

Die Piroggen nach dem obenstehenden Rezept machen.

Tips
Pastetenteige kann man etwas magerer machen, wenn man einen Teil des Fetts durch Quark ersetzt.

Rosetten
ca. 40 Stück

½ l Milch oder Pflanzenmilch
50 g Hefe
1 TL Meersalz
2 EL Honig
1 Stück fein geriebene Pomeranzenschale
1 Paket Safran
(1 TL zerriebener Kardamom)
250 g gewaschene, fein gehackte Rosinen
200 g ausgelassene Butter oder 2 dl Öl + 2 EL Wasser
ca. 1 kg gesiebtes Grahammehl (1,8 l)

Die Milch anwärmen und die Hefe anrühren. Meersalz, Honig, Pomeranzenschale, Safran und eventuell

Kardamom zugeben. Rosinen und die abgekühlte Butter oder Öl und Wasser einrühren. Nach und nach Mehl zufügen und alles zu einem geschmeidigen Teig verarbeiten. Die Schüssel abdecken und an einem warmen Platz ca. 20 Minuten gehen lassen.
Den Teig dann auf einem Backbrett eine Weile kneten. Aus dem Teig vier Laibe formen und jeden Laib in 10 Teile schneiden. Die Teile ausrollen und zu Rosetten formen. Mit Rosinen garnieren.
Die Teile auf dem Blech reichlich gehen lassen. Mit geschlagenem Ei einpinseln und 5 bis 10 Minuten bei ca. 250° backen.

Gefüllte Hörnchen
24 Stück

7 dl gesiebtes Grahammehl
½ TL Meersalz
2 TL Bikarbonat
1½ dl saure Milch
1 Ei oder 1 gestrichener EL Sojamehl
100 g ausgelassene Butter
1½ dl gewaschene, fein gehackte Rosinen

Füllung
Ungezuckertes Aprikosenmus (oder Apfelmus): 200 g gewaschene, eingelegte Aprikosen mit einem Stück Zimt und 1½ dl Rosinen in 4 dl Wasser weichkochen. Abkühlen lassen. Abseihen und im Mixer zu Brei verarbeiten (oder verrühren). ¼ TL Meersalz und nach Geschmack Zitronensaft zusetzen.

Einpinseln und Garnieren
Geschlagenes Ei oder saure Milch, grob gehackte Sonnenblumenkerne.

Grahammehl sieben und mit dem Meersalz vermischen. Bikarbonat in der Milch anrühren, Ei oder Sojamehl, Fett und fein gehackte Rosinen zufügen. Das Mehl einrühren. Den Teig in drei Teile aufteilen und zu runden Böden ausrollen. Kreuzweise 4mal durchschneiden, so daß aus jedem Boden 8 Dreiecke entstehen. Auf die breite Seite jeweils 2 Teelöffel Füllung setzen und jedes Dreieck zu einem Hörnchen zusammenrollen.
Einpinseln und gehackte Sonnenblumenkerne darüberstreuen. Ca. 10 Minuten bei 275° backen.

Fruchttörtchen
ca. 18 Stück

6 getrocknete Aprikosen
2 EL Rosinen
2 EL kleingehackte Datteln
4 dl gesiebtes Grahammehl + ½ dl Weizenkeime
½ dl Sojamehl
¼ TL Meersalz
2½ TL Backpulver
100 g Reformmargarine
2 EL Sesamsamen
1 dl Apfelsaft (konzentriert) und
1 dl Wasser
1 EL flüssiger Honig
2 TL geriebene Zitronenschale

Aprikosen und Rosinen abwaschen und fein hacken, die Datteln hinzufügen. Mehl, Salz und Backpulver mischen. Die Margarine zergehen lassen und alles mit dem Sesamsamen und dem Apfelsaft verrühren. Den Teig in die Törtchenformen geben und bei 225° ungefähr 15 Minuten backen. Durch Einstechen probieren.

Preiselbeertörtchen
ca. 15 Stück

2 dl Grahammehl
2 dl Weizenmehl
½ TL Meersalz
1 TL Zimt
1 TL Ingwer
½ TL gemahlene Gewürznelken
1 Ei
2 dl saure Milch
1 TL Bikarbonat
¾ l Zuckerrübensirup
75 g ausgelassene Butter
2 dl frische Preiselbeeren

Das Mehl mit dem Meersalz und den Gewürzen mischen. Das Ei mit der sauren Milch verquirlen und das Bikarbonat beigeben. Den Sirup und die Butter zusammen auslassen. Alles miteinander vermischen und die Preiselbeeren einrühren.
Den Teig in die Törtchenformen geben. Bei 200° ca. 20 Minuten backen. Durch Einstechen prüfen.

Haferkuchen
2 Eier
100 g ausgelassene Butter oder Reformmargarine
2 dl Milch (normale oder Sesammilch)
½ TL Meersalz
2 dl gewaschene, fein gehackte Rosinen
2 dl fein gehackte Datteln
½ dl gehackte Mandeln
2 TL Bikarbonat
2 dl Grahammehl
4 dl Haferkörner
etwas geriebene Apfelsinenschale
(¼ TL Ingwer oder Kardamom)

Alles zusammenmischen und in eine eingefettete, mit Kleie bestreute Form von 20 mal 30 cm geben. 30 bis 40 Minuten bei 200° backen. Durch Einstechen prüfen. Den Kuchen in viereckige Stücke teilen.

Zur Abwechslung
Dicht mit Apfelstücken belegen und, bevor der Kuchen gebacken wird, etwas Zimt darüberstreuen.

Petits choux mit Hüttenkäse
ca. 15 Stück

1 dl Öl
3 dl Wasser
½ TL Meersalz
2 dl gesiebtes Grahammehl
2–3 Eier

Öl, Wasser und Salz aufkochen. Das Grahammehl auf einmal mit dem Schneebesen einrühren. Kräftig umrühren, bis der Teig nicht mehr am Boden klebt. Etwas abkühlen lassen und die Eier, eines nach dem anderen, dazwischenrühren. Den Teig bearbeiten, bis er glatt, zäh und glänzend ist.
Klecksweise (jeweils 2 Eßlöffel) den Teig auf ein Backblech geben. 20 Minuten bei 225° backen. Dann die Temperatur auf 175° herabsetzen und weitere 15 Minuten bakken. Backofentür während des Bakkens nicht öffnen. Eine Öffnung in das Gebäck machen und mit Früchtehüttenkäse füllen (siehe S. 135).

Heidelbeerkuchen

25 g Hefe
2½ dl Milch
½ TL Meersalz
1 EL Honig
½ dl Öl
4 dl Grahammehl
ca. 4 dl Weizenmehl
Weizenkleie
1 l frische Heidelbeeren (können ersetzt werden durch ca. 2 kg Apfelviertel und 2 dl gemahlenen Zimt)

Die Hefe in lauwarmer Milch anrühren, Meersalz, Honig und Öl zugeben. Das Grahammehl und den größten Teil des Weizenmehls nacheinander einrühren. Zu einem geschmeidigen Teig verarbeiten. Zudecken und an einem warmen Platz bis zur doppelten Größe gehen lassen (ca. 30 Minuten).
Den Teig zusammen mit dem Rest des Weizenmehls auf einem mit Mehl bestreuten Backbrett gründlich kneten. ⅓ des Teiges beiseite legen und den Rest zu einem dicken, runden oder ovalen Kuchen ausrollen und auf ein gefettetes Blech legen. Aus dem restlichen Teig fingerdicke Rollen formen. Diese Rollen flechten oder umeinanderdrehen und als Zopf rund um den Kuchen legen. Die Teigkante mit etwas Wasser einpinseln. Den Kuchen zugedeckt ca. 15 Minuten gehen lassen. Ca. 1 dl Weizenkleie darüberstreuen und die Heidelbeeren darauflegen. Den Zopf einpinseln und den Kuchen 20 bis 25 Minuten bei 200° backen.

Gerstenbrezeln

ungesüßtes Teegebäck, ca. 20 Stück

3 dl Gerstenmehl
1½ dl Roggenmehl
1½ dl gesiebtes Grahammehl
½ TL Meersalz
1 TL Hirschhornsalz
1 TL zerriebener Koriander oder Fenchel
150 g Butter oder Reformmargarine
3 dl saure Milch

Milch, Salz und Gewürze in einer Schüssel mischen, die Butter dazurühren, bis alles zu einer körnigen Masse wird. Die saure Milch einrühren. Den Teig auf ein Backbrett legen (nicht zu stark bearbeiten). Falls der Teig klebt, noch etwas Grahammehl zusetzen.
Den Teig in drei Teile aufteilen und zu Laiben formen. Jeden Laib in 10 Stücke teilen. Ausrollen und zu Brezeln oder Kränzen formen. Mit warmem Wasser einpinseln und 10–12 Minuten bei 200° backen.
Frisch gebacken servieren oder bei 100° zu Zwieback trocknen.

Roggenzwieback

50 g Hefe
½ l Molke oder Wasser
1 TL Meersalz
2 EL Honig
1 dl Öl
2 dl Weizenkeime
8 dl Roggenmehl
ca. 4 dl Weizenmehl

Nach obigem Rezept einen Hefeteig machen und zur doppelten Größe gehen lassen. Zu runden Bällchen formen und auf einem gefetteten Blech gehen lassen. Mit Wasser einpinseln und 10 bis 15 Minuten bei 225° backen. Sobald sie abgekühlt sind, mit einer Gabel spalten und einige Minuten bei 250°, dann bei 100° rösten.

Gewürzzwieback

50 g Hefe
½ l Molke oder Wasser (lauwarm)
1 TL Meersalz
2 EL Honig
1 dl Öl
2 TL Anis
3 TL Fenchel
2 TL Koriander
1 EL geriebene Pomeranzenschale
ca. 1,5 l Grahammehl

Die Hefe in der lauwarmen Molke anrühren. Meersalz, Honig, Öl, die zerriebenen oder gemahlenen Gewürze und das Grahammehl nach und nach zugeben, bis der Teig die gewünschte Konsistenz hat. An einem warmen Platz ca. 30 Minuten zugedeckt zum Gehen stehen lassen. Auf dem Backbrett bearbeiten und zu schmalen Laiben formen. Dicht an dicht auf ein gefettetes Backblech legen (es macht nichts, wenn sie zusammenlaufen). Bis zur doppelten Größe gehen lassen. Bei 225° backen, bis sie Farbe bekommen haben. Die Laibe abkühlen lassen, in Unter- und Oberteile spalten. Zu Zwiebacken zerschneiden. Bei 100° goldgelb rösten.

Roggenkekse

2 dl Roggenmehl
2 dl Grahammehl
½ TL Meersalz
½ TL Hirschhornsalz
1 TL zerstoßener Kümmel
1 TL zerriebener Fenchel
75 g Butter oder Reformmargarine
1 dl Wasser

Mehl, Salz und Gewürze mischen. Die Butter einarbeiten und das kalte Wasser zusetzen. Im Lauf eines Tages immer wieder kneten und dann auf einem mit Mehl bestreuten Backblech dünn ausrollen. Mit einem Meßbecher oder Glas runde Kekse ausstechen.
10 Minuten bei 225° backen, bis die Kekse Farbe bekommen haben.

Sesamkekse

5 dl Grahammehl
1 dl Sojamehl
1 TL Meersalz
ca. 1½ dl Wasser
1 dl Sesamsamen
5 EL Öl
100 g gewaschene, fein gehackte Rosinen

Mehl und Salz mischen und mit den übrigen Zutaten zu einem geschmeidigen Teig verarbeiten. Auf einem mit Mehl bestreuten Backbrett dünn ausrollen und viereckige Kekse ausschneiden oder ritzen. Ca. 10 Minuten bei 200° backen, bis sie goldgelb sind.

Käsekekse
5 dl Vollkornmehl
1 dl Buchweizenmehl
1 dl Öl
2 EL Sojamehl
ca. 4 EL Mineralwasser
1 TL Meersalz
100 g geriebener Emmentaler Käse
ca. 1 dl Mandelhälften

Aus den Zutaten einen festen Teig arbeiten und dünn ausrollen. Mit einem runden Meßbecher oder einem Glas Kekse ausstechen. Mit Wasser einpinseln und auf jedem Keks eine Mandelhälfte fest andrücken. 10 Minuten bei 200° bakken, bzw. bis die Kekse goldgelb sind.

Russische Kekse
4 dl Vollkornmehl (Roggen oder Graham)
¾ dl Buchweizenmehl
100 g gemahlene Sonnenblumenkerne
1 TL Meersalz
1 Ei oder 2 EL Sojamehl
ca. 1½ dl Wasser
2 TL Anis

Alles vermischen, Wasser zusetzen, bis der Teig die richtige Konsistenz hat.
Dünn ausrollen und schmale Dreiecke ausschneiden. Mit saurer Milch einpinseln und einige Sonnenblumenkerne darüberstreuen. 10 Minuten bei 225° backen.

Mandelkörbchen
ca. 16 Stück

75 g Butter oder Reformmargarine
2 EL Honig
1½ dl gemahlene Mandeln (oder Nüsse)
3 dl Haferkörner
2 EL Grahammehl
½ TL Meersalz

Das Fett auslassen und den Honig einrühren. Mit den übrigen Zutaten zu einem Teig mischen. Den Teig zu kleinen Körbchen formen. Bei 225° backen. Nach dem Abkühlen mit frischen Beeren, Preiselbeermus oder angemachtem Quark füllen.

Pfefferkuchen
250 g Zuckerrübensirup
125 g Butter oder Margarine, 1 Ei
100 g fein gehackte Datteln
100 g gemahlene süße Mandeln (oder Nüsse)
je 2 gestrichene TL Zimt, Ingwer, zerriebener Koriander
1 TL Gewürznelken, 1 TL Kardamom
1 Stück geriebene Pomeranzenschale
1 TL Meersalz, 2 TL Bikarbonat
500 g Grahammehl (ca. 9 dl)
(etwas Weizenmehl zum Ausrollen)

Den Sirup erwärmen und die Butter und das Ei hineinrühren. Datteln und Mandeln zusetzen. Die Gewürze untermischen und Pomeranzenschale, Salz, Bikarbonat und Mehl einrühren. Zu einem Teig verarbeiten und einige Stunden oder über Nacht stehen lassen. Den Teig dünn ausrollen und kleine Kuchen ausstechen. Bei 225° etwa 5 Minuten backen oder länger, je nachdem, wie dick der Teig ist.

Brotaufstriche und Zutaten

Selbstbereiteter Quark
1 l saure Milch ergibt ungefähr 4 dl Quarkmasse

Zubereitung 1
Saure Milch vorsichtig lauwarm erwärmen und in ein Seihtuch gießen. Über Nacht abtropfen lassen. Achtung! Melittafilter sollten nicht verwandt werden, da sie einen Klebstoff enthalten, der sich in saurer Milch auflösen kann.

Zubereitung 2
Bei schwacher Wärme die saure Milch vorsichtig im geschlossenen Topf etwa ½ Stunde erwärmen, bis sich eine Masse gebildet hat, die sich von der Molke absetzt. Den Topf im Wasserbad abkühlen und die Molke vorsichtig abgießen.
Die Molke zum Brotbacken oder für Suppen aufheben oder sie als Getränk verwenden. Sie ist reich an Mineralstoffen und durstlöschend.

Abschmecken
Die Quarkmasse nach Belieben mit Meersalz oder Kräutersalz, etwas Kümmel, einer gehackten Knoblauchzehe, etwas Schnittlauch oder anderen Würzkräutern abschmekken. Einige Teelöffel Sonnenblumenöl einrühren und als Brotaufstrich oder zu Rohkost o. ä. verwenden.

Misoaufstrich mit Tahin
2–3 dl Tahin (ungesalzene Sesampaste)
½ dl Misopaste
2 Knoblauchzehen
1 dl gehackter Schnittlauch
1 TL zerriebener Dillsamen

Die Tahinpaste mit etwas Wasser zu einer cremigen Konsistenz verrühren. Mit der Misopaste und den Gewürzen zusammenrühren. Im Kühlschrank aufbewahren.

Misoaufstrich mit Butter
2–3 dl weiche, ungesalzene Butter + 1 EL kaltgepreßtes Öl
½ dl Misopaste
½ TL Curry oder Paprika
1 dl fein gehackte Zwiebel

Die zimmerwarme Butter mit dem Öl zu einer glatten Creme vermengen. Mit der Misopaste verrühren. Die Gewürze und die fein gehackte Zwiebel zugeben.

Misoaufstrich mit Quark
3 dl Quark + 1 EL kaltgepreßtes Öl
½ dl Misopaste
1 dl fein gehackter Dill + Petersilie
1 TL zerriebener Majoran
(1 dl fein gehackte, frische Gurkenwürfel)

Wie in obenstehendem Rezept mischen.

Misopaste
5 dl getrocknete Vollkornbrotreste in Stücken
einige dl Wasser oder Brühe
2 EL Misopaste
1 kleine, gehackte Zwiebel
1¼ dl Tahin
1 EL Sesamöl
1 gepreßte Knoblauchzehe
½ dl gehackte Petersilie
1 Prise Thymian, Rosmarin und Salbei (zerrieben)

Der Aufstrich bietet eine gute Möglichkeit, Reste von trockenem Vollkornbrot zu verwerten.
Die Brotreste werden in der Flüssigkeit eingeweicht, bis sie so weich sind, daß sie fein zerdrückt werden können. Die übrigen Zutaten untermengen. Wenigstens eine Stunde stehen lassen. Die Masse in eine gefettete Form geben und 1–1½ Stunden bei 175° backen.

Kichererbsenpaste
ca. ½ l gekochte Kichererbsen (siehe Grundrezept S. 115)
1 gehackte Zwiebel
etwas Olivenöl
1 TL Paprikapulver
2–3 EL kaltgepreßtes Öl
Tamari oder körniger Salzersatz nach Belieben
1 dl gehackte Petersilie

Die Kichererbsen zerdrücken oder im Mixer zerkleinern. Die Zwiebel in Olivenöl anbräunen, Paprika darüberstreuen und mit den Kichererbsen vermengen, sobald sie abgekühlt sind. Man kann statt der Zwiebel auch eine gepreßte Knoblauchzehe nehmen. Die übrigen Zutaten untermischen. Im Kühlschrank aufbewahren.

Bohnenpaste
ca. ½ l gekochte Bohnen oder Linsen
1 dl fein gehackte saure Gurken
Tamari nach Belieben
2 EL kaltgepreßtes Öl
(gehackte Petersilie)

Die gekochten Hülsenfrüchte zerdrücken oder im Mixer zerkleinern, mit saurer Gurke und Tamari abschmecken. Das Öl und eventuell Petersilie unterrühren.

Tahinaufstrich
2 dl ungesalzenes Tahin
2 EL Tamari
frische oder getrocknete Würzkräuter nach Belieben
(Zwiebel oder Knoblauch)

Die Tahinpaste mit etwas Wasser zu einer glatten Creme verrühren. Mit Tamari und den Würzkräutern oder mit frischen, fein gehackten Wildkräutern, Zwiebel oder Knoblauch abschmecken.

Mandelpüree
200 g süße Mandeln
Honig
Meersalz
Wasser
(etwas geriebene Zitronenschale)

Die Mandeln schälen und mahlen oder im Mixer zerkleinern. Einige Teelöffel Honig, eine Messerspitze Meersalz und etwas Wasser zugeben und alles zu einer Masse zusammenrühren. Eventuell mit etwas geriebener Zitronenschale abschmecken. Das Mandelpüree auf Keks o. ä. aufstreichen.

Nußcreme
200 g Haselnüsse
Meersalz
Wasser, bis zur richtigen Konsistenz
(Malzextrakt oder Honig)

Die Nüsse in einer trockenen Bratpfanne leicht rösten, bis die Schalen aufzuspringen beginnen. Vom Herd nehmen und in der Mandelmühle mahlen oder im Mixer zerkleinern. Mit etwas Wasser verrühren und vielleicht mit etwas Honig oder Malzextrakt abschmecken.

Geröstete Kichererbsen
5 dl getrocknete Kichererbsen
Meersalz

Die Kichererbsen über Nacht einweichen. Das Wasser abgießen und sie auf einem Backblech mit Kanten ausbreiten. Bei 200° in den Ofen setzen und leicht (etwa 20 Minuten) rösten, ab und an das Blech rütteln.
Die Erbsen in eine Schale geben, etwas Meersalz darüberstreuen und umschütteln.

Tofu

Sojabohnen sind die billigste Proteinquelle, die es gibt, man nennt sie auch »Fleisch ohne Beine«. Über Jahrhunderte hinweg hat man in China und Japan verschiedene Sojaprodukte entwickelt, die Eier, Milch, Käse und Fleisch ersetzen können. Es gibt sogar Bohnenmolkereien, in denen Sojamilch hergestellt wird. Das rührt daher, daß es in diesen Ländern viel weniger Rindvieh pro Einwohner gibt als im Abendland. Besonders Japan fehlt es an den großen Arealen, die man zur Aufzucht des Rindviehs braucht.
In den asiatischen Ländern ißt man selten die ganzen, gekochten Bohnen. Sie werden als ein zu schweres Essen angesehen. Statt dessen verwendet man Soja meist in veredelter Form, wie z.B. bei Miso oder Tofu. *Miso* ist eine milchsaure Sojabohnenpaste und *Tofu* eine Art Sojakäse, der im Geschmack frischer Käsemasse ähnelt.
Die Anwendungsmöglichkeiten für Tofu sind nahezu unbegrenzt. Wegen des milden, neutralen Geschmacks paßt es ebensogut zu warmen Gerichten wie zu Desserts, je nachdem, wie man es abschmeckt.
Hat man ein Mixgerät und einen genügend großen Topf, ist es keine große Kunst, Tofu selbst herzustellen. Das Ausgangsprodukt ist Sojamilch aus eingeweichten, pürierten Sojabohnen, die gekocht werden und dann zu einer käseähnlichen Masse koagulieren (siehe Rezept).

Kofu (Seitan)

Kofu ist eine wertvolle Proteinquelle, die unter Vegetariern in der ganzen Welt immer sehr populär war. Durch Buddhistenmönche kam es von China nach Japan und wurde bald zu einer beliebten Speise in den Zen-Tempeln.
Kofu wird aus Weizenstärke hergestellt. Geschmack und Konsistenz erinnern an texturiertes (strukturiertes) Sojaprotein, wie z. B. Sojamark. Texturiertes Sojaprotein ist jedoch ein ziemlich stark behandeltes Produkt, das zur Herstellung Energie erfordert. Es wird hergestellt, indem man mit Hilfe verschiedener Methoden aus dem Soja Fäden spinnt, die dann gefärbt, abgeschmeckt und zu fleischähnlichen Produkten geformt werden. Diese Behandlung beinhaltet eine starke Wertminderung der ursprünglich wertvollen Sojabohne.
Kofu läßt sich auf ganz einfach Art, ohne technische Hilfsmittel, *selbst* herstellen, indem man die Stärke und die Kleie aus dem Grahammehl »herauswäscht«. Die fleischähnlichen Produkte aus Weizenstärke können dann auf verschiedene Art verwendet werden, in Suppen, Eintöpfen und vielem anderen, auf die gleiche Art wie Sojaprodukte (Sojamark), und sie sind reich an Kalk und Protein.
Das Waschwasser mit der Stärke und der Kleie kann als Teigwasser, zu Suppen und zum Andicken verwendet werden, oder man säuert es zu Teigwasser für Sauerteigbrote.

Tofu, Sojabohnenkäse
500 g Sojabohnen
Wasser
Nigari (Magnesium, siehe Anhang) oder Magnesiumchlorid
(1 TL/l Sojamilch)

Die Sojabohnen waschen und über Nacht einweichen. Das Wasser abgießen und die Bohnen abspülen. Zusammen mit ca. 1 l Wasser im Mixer zu Püree verarbeiten. In einem großen Topf ca. 3 l Wasser aufkochen, das Sojapüree zufügen und unter Umrühren aufkochen. Die Masse durch ein Seihtuch abseihen (möglichst viel Flüssigkeit herauspressen). Die im Seihtuch zurückbleibende Masse für andere Gerichte aufbewahren. Die Sojamilch in den Topf zurückgießen und ca. 5 Minuten kochen. Ständig umrühren. Den Topf an die Seite stellen, 3 Teelöffel Nigari oder Magnesiumchlorid in 1 dl kaltem Wasser anrühren und auf die Oberfläche tröpfeln. Sehr vorsichtig umrühren, zudecken und 20 Minuten stehen lassen. Danach sollte die Milch ausgeflockt sein. Ein Seihtuch in einen Durchschlag (oder eine hölzerne Käseform) legen und die Masse hineinschöpfen, mit einem Zipfel des Seihtuchs abdecken und einen Teller mit einem Gewicht darauflegen. Etwa ½ Stunde stehen lassen, bis die Molke aufgehört hat zu tropfen.
Das Seihtuch mit Inhalt in eine Schüssel mit kaltem Wasser legen, dann das Seihtuch wegnehmen und das Tofu eine Zeitlang im Wasser liegen lassen, damit es fest wird, bevor man es serviert.
Tofu kann in etwas leicht gesalze-

nem Wasser (mehrmals wechseln) bis zu einer Woche im Kühlschrank aufgehoben werden. Man kann es auch einfrieren.

Serviervorschlag
Das Tofu in Würfel schneiden, Gomasio und fein geschnittene Lauchringe darüberstreuen, zu Salaten und Rohkost reichen. Tofu zu Sandwich verwenden, gerne mit Misopaste. In Würfel geschnitten in Misosuppen servieren. In Gemüseeintöpfe mischen.

Als Vegetarierquark
Tofu mit einigen Teelöffeln Öl anrühren und mit Meersalz und Würzkräutern, Tamari, Knoblauch usw. abschmecken.

Gebraten oder angebraten zu warmen Gerichten
Tofu ca. 20 Minuten in eine Presse legen (in ein Handtuch eingewickelt zwischen zwei Teller mit einem Gewicht darauf). In portionsgroße Stücke schneiden, Tamari darauftäufeln. Passieren und vorsichtig goldbraun braten. Oder in Würfel schneiden, leicht anbräunen und Tamari darauftäufeln. Zu Getreide und Gemüse reichen.

Zu Nachtischen
Das Tofu schlagen und mit einer Prise Meersalz, Vanille, geriebener Zitronenschale, etwas Honig usw. abschmecken. Zusammen mit Früchten, Beeren, gehackten Nüssen oder Keksen servieren. Die übriggebliebene Sojabohnenmasse (die man Okara nennt) kann als Zutat zu vegetarischen Farcen genommen werden, zusammen mit geschmortem Gemüse, Gewürzen und Zwiebeln sowie etwas Buchweizenmehl als Bindemittel. Sie kann auch zu Müsli geröstet (siehe S. 74) oder beim Brotbacken usw. verwendet werden. Im Kühlschrank hält sie sich mehrere Tage. Für späteren Bedarf kann man sie auch einfrieren.

Tips
Hat die Sojamilch nicht so ausgeflockt, daß die Molke »klar« ist, kann man sie vorsichtig aufwärmen und einen weiteren Teil Nigari zusetzen.

Rezept für Kofu
ca. 1 l Wasser
2 TL Meersalz
2 l Grahammehl
7 dl Weizenmehl
(oder ausschließlich Graham)
Wasser zum Spülen

Das Wasser erwärmen und das Salz dazutun. In einer großen Schüssel das Mehl mischen und das Wasser daran geben. Zu einem Teig mit breiiger Konsistenz vermengen. Wenigstens 10 Minuten gut durcharbeiten, bis er zäh und geschmeidig ist. Wasser auffüllen, bis er ganz bedeckt ist, und ca. 10 Minuten stehen lassen. Es schadet nicht, wenn er länger steht. In dem Einweichwasser kräftig kneten, bis es trüb und milchig wird. Die Flüssigkeit abseihen und als Teigwasser etc. aufbewahren. Kaltes Wasser zugießen, wieder einige Minuten kräftig kneten und abgießen.
Dieses Durchspülen 5- bis 6mal wiederholen, bis die Kleie und die Stärke herausgewaschen und nur noch wenige Sedimente im Wasser sind. Es geht leichter, wenn man zwischen warmem und kaltem Wasser wechselt. Die erste und die letzte Spülung sollten aber in kaltem Wasser erfolgen.
Nach der letzten Spülung wird die Stärkemasse gut geknetet, bis sie eine feste, zähe Kugel ist. Die Masse in sechs Teile aufteilen und zu Bällchen formen. Sie werden in 1½ l kochendes Wasser gelegt und sollen einige Minuten kochen, bis sie an der Oberfläche schwimmen.
Die Bällchen herausnehmen, in Würfel, Streifen oder Scheiben schneiden oder sie ganz lassen. Ein Stück Kombualge in das Kochwasser geben und ca. ¾ dl Tamari zusetzen. Die geschnittenen oder ganzen Stärkestücke einlegen, aufkochen und im geschlossenen Topf ca. 45 Minuten sieden lassen. Sie halten sich jetzt länger im Kühlschrank und können nach Wunsch zu verschiedenen Gerichten verwendet werden.

Seitaneintopf mit Gemüse
4 Personen

1 in Scheiben geschnittene Zwiebel
1 Stange Lauch, in Stücke geschnitten
1 große, in dünne Scheiben geschnittene Möhre
½ Wurzelsellerie in Würfeln
½ kleine Steckrübe in kleinen Würfeln
oder 250 g Rosenkohl
1 kleiner, in dünne Scheiben geschnittener Pastinak
½ Portion Kofu (nach obigem Rezept)
(einige zerstoßene Pimentkörner,
½ TL Liebstöckel, ½ TL Majoran,
½ TL Basilikum, evtl. körniger Salzersatz)
etwas von dem Waschwasser von der Kofuherstellung

Die Zwiebel und das Gemüse in einem Topf anbräunen, Kofu in Stükken oder Streifen zusetzen und Tamaribrühe vom Kochen zugeben. Kochen, bis die Gemüse gar sind, und mit etwas Stärke andicken. Bei Bedarf verdünnen. Aufkochen. Nach Belieben abschmecken.

Gomasio Sesamsamensalz
15 EL ungeschälten Sesamsamen
1 EL Meersalz

Den Sesamsamen in einer Schüssel mit Wasser waschen, aufschwimmenden Abfall abgießen. In einem Sieb gut abtropfen lassen. Im Backofen bei angelehnter Ofentür mit ca. 100° auf einem Blech knapp bis zum Farbwechsel rösten.
Eine andere Methode ist, Sesamsamen in einer Bratpfanne auf dem Herd zu rösten. Die Pfanne (ohne Fett) erhitzen und den Sesamsamen einlegen. Umrühren und die Pfanne ständig schütteln, bis die Samen trocken und spröde sind und ihre Farbe zu wechseln beginnen. (Probieren, indem man einen Samen zwischen den Fingern preßt – er sollte sich leicht zerquetschen lassen, darf aber nicht dunkel geröstet sein.)
Das Salz wird für sich getrocknet. Salz und Samen vermischen und abkühlen lassen. Etwas im Mörser zerreiben.
Als Tischgewürz verwenden. In einer dicht geschlossenen Dose verwahren und wegen des Aromas innerhalb einer Woche verbrauchen.

Getränke

Man sollte den Tag ½–1 Stunde vor dem Frühstück mit einer Tasse Kräutertee ohne Zubrot beginnen. Häufig die Kräuter abwechseln. Zum Essen sollte man nicht trinken, da es den Magensaft verdünnt und die Verdauung beeinträchtigt. Dagegen kann man eine gute Weile vor oder nach dem Essen etwas trinken. Getränke aus Getreidewasser sind nicht nur wohlschmeckend und erfrischend, sondern sie besitzen auch vieles von den wohltuenden Kräften des Getreides. So wirken beispielsweise Hafer- und Gersteabkochungen beruhigend bei Darmstörungen. Weizenabkochungen haben eine wohltuende Wirkung auf Herz und Kreislauf, während der reiche Gehalt des Roggens an Kalium die Leberfunktion unterstützt. Getreideabkochungen können entweder von den ganzen Körnern oder von geschrotetem Getreide bereitet werden. Dabei lassen sich alle Getreidearten verwenden.

Getreidetrank aus ganzem Korn
4 dl ganzes Getreide
1½ l Wasser

Das Getreide waschen. Über Nacht quellen lassen. Bei schwacher Wärme 30 bis 40 Minuten in dem Einweichwasser kochen, bis die Körner aufspringen und der weiße Mehlkörper sichtbar wird. Abseihen und die Getreideabkochung als Getränk oder nach Belieben verwenden. Das Getreide kann zu verschiedenen Gerichten benutzt werden.

Gerstenwasser
Barley water

50 g ganze Gerste (ca. 1 dl)
2 l Wasser
1 Zitrone
1 EL Malzextrakt oder Honig
½–1 dl Apfelsaft (konzentriert)

Die Gerste in dem Wasser 1½ Stunden kochen. Abseihen. Einige Stükke Schale und den Saft einer unbehandelten Zitrone sowie Malzextrakt und Apfelsaft zufügen. Heiß oder kalt reichen.

Hafer-Kraftgetränk
¾ dl Hafer (ganz oder geschrotet)
1 l Wasser
1 EL Honig oder Malzextrakt
1 dl unverdünnten Fruchtsaft oder -most
1 Prise Meersalz
(2–3 EL pürierten Sesamsamen)

Geschroteten Hafer ca. 15 Minuten im Wasser kochen. Ganzer Hafer wird ca. 1 Stunde gekocht. Abseihen und mit den übrigen Zutaten vermischen.

Getreidewasser aus Getreideschrot

1 gehäufter EL geschrotetes Getreide
½ l Wasser

Das Getreide bei schwacher Wärme ca. 15 Minuten in dem Wasser kochen. Zwischendurch umrühren. Abseihen und nach Belieben verwenden (siehe oben).

Ann Wigmores Weizenwasser

Rejuvelac – Verjüngungstrank

1 dl ganzer Weizen
3 dl Wasser

Den Weizen waschen und 24 bis 48 Stunden in dem Wasser einweichen. Das Wasser abseihen und als Morgentrunk trinken. Auf das Getreide wieder ebensoviel Wasser auffüllen, 24 Stunden stehen lassen, abseihen und trinken. Sieben Tage mit den gleichen Weizenkörnern wiederholen, dann mit einer neuen Menge beginnen. Der Geschmack wird jeden Tag etwas säuerlicher.

Fruchtpunsch mit Getreidewasser

2 l Getreidewasser Gerstenwasser
1 Beutel Thé Mü (oder 1 Stück Zimt, 1 Stück Ingwer)
4 EL Malventee
1–2 dl Rosinen
2 dl Apfelsaft (konzentriert)
eventuell 1 Zitrone (Schale und Saft)
Honig oder Malzextrakt

1 dl Gerste ca. 1½ Stunden in 2 l Wasser kochen. Die Gerste abseihen und zu einem passenden Gericht verwenden. Eventuell verkochtes Wasser und einen Beutel Thé Mü zugeben. 10 Minuten kochen, den Malventee beigeben. 10 Minuten ziehen lassen. Abseihen. Rosinen und Apfelsaft sowie einige Stücke Zitronenschale, vielleicht etwas Zitronensaft, zusetzen. Nach Belieben mit Honig oder Malzextrakt süßen. Im Sommer gekühlt als Erfrischung, dampfend heiß im Winter servieren.

Frühlingscocktail

4 Personen

½ l Getreidewasser nach einem der obigen Rezepte
2 dl frisch gepreßter Möhrensaft
2 dl Brennesselsaft (mit anderen Wildkräutern gemischt)
2 TL Sonnenblumenöl

Dieser Trank vertreibt die Müdigkeit und entschlackt den Körper. Alles vermischen und schluckweise trinken.

Weihnachtsglühwein

1–2 Beutel gemischte Glühweinkräuter
1 l Wasser
3 EL Zitronenmelissenblätter
3 EL Malventee
1 Flasche Kirschenmost oder schwarzer Johannisbeermost
1 l Apfelsaft
Rosinen
geschälte Mandeln

Die Glühweinkräuter einige Minuten in dem Wasser kochen. Die Kräuter zugeben, den Topf an die Seite stellen und 10 Minuten ziehen lassen. Abseihen und mit dem Saft mischen. Erhitzen und mit Rosinen und geschälten Mandeln reichen. Falls gewünscht, mit etwas Honig oder Malzextrakt süßen.

Kräutertees
Als Tees eignen sich besonders die Blätter von Himbeeren, Brombeeren, Walderdbeeren, Gartenerdbeeren, Johannisbeeren (alle Arten), Hagebutten, getrocknete Apfelschalen, Weidenröschen, Mädesüß, Apfelblätter, Heidelbeerblätter, Vogelbeerblätter – jeweils allein oder in Mischungen.

Zubereitung von Kräutertees
Man rechnet ca. 1 Teelöffel Teekräuter pro Teetasse Wasser. Die Kräuter, die aus *Blüte* und *Blättern* bestehen, sollen nicht gekocht werden, es reicht, wenn sie in kochendes Wasser gelegt werden und 5 bis 10 Minuten ziehen können. Dazu gehören Birkenblätter, Vogelbeerblätter, Wegerich, Brennesseln, Löwenzahn, Thymian, Zitronenmelisse, Basilikum, Salbei, Pfefferminze, Schafgarbe, Kamille, Wermut, Klee, Johanniskraut, Ringelblume, Holunder usw.
Ackerschachtelhalm muß mindestens 15 Minuten kochen, damit man aus der wertvollen Kieselsäure Nutzen ziehen kann.
Härtere Pflanzenteile und *Wurzeln* (Löwenzahnwurzel, Petersilienwurzel, Schwarzwurzwurzel u. a.) werden in kaltes Wasser gelegt und müssen 15 Minuten kochen. Samen wie Kümmel, Anis, Fenchel usw. werden einige Minuten gekocht und müssen ziehen.
Hagebutten (getrocknete) werden zerstoßen oder zerquetscht und müssen eine Weile ziehen.

Milchsaure Gemüse

Für das Gelingen der Milchsäuregärung sind folgende Grundbedingungen erforderlich:

- ☐ Biologisch angebaute Produkte
- ☐ Ein Salzzusatz von 1–1½%
- ☐ Daß die Gemüse unter der Oberfläche der Flüssigkeit bleiben (gepreßt oder gedrückt)
- ☐ Daß der Luftsauerstoff ferngehalten wird
- ☐ Die richtige Temperatur.

Das Salz hat die Aufgabe, das Gemüse vor dem Verfaulen zu schützen, bis sich genügend Milchsäure gebildet hat. Das Pressen bewirkt, daß die Luft herausgedrückt wird. Die beste und einfachste Methode ist, in speziellen Gärkrügen mit einem Wasserschloß zu gären (Weiteres siehe S. 66). Sie sind salzglasiert und bleifrei. Durch die wassergefüllte Rinne wird die Bildung von Oberflächengärung (einem weißen Belag) bei dem Gärungsprozeß verhindert. Diese Krüge gibt es in Größen von 10 bis 30 Litern. Die Scheiben sind aus dem gleichen Material und dienen gleichzeitig als Gewicht, so daß man keine Steine darauflegen muß.

Säuert man in offenen Gefäßen, muß man ein ausgekochtes Leinentuch auf das Gemüse legen, dann einen Untersetzer oder ein Brett, die so dicht wie möglich abschließen, und einen sorgfältig gereinigten Stein als Gewicht. Als Schutz gegen Luftzutritt dient eine Plastiktüte. Die Flüssigkeit muß immer wenigstens 5 cm über dem Gemüse stehen.

Große Sauberkeit ist Bedingung, doch sollte man starke Spülmittel vermeiden. Die Krüge werden gut saubergewaschen und bis zu 24 Stunden mit kaltem Wasser aufgestellt. Danach spült man gründlich mit heißem Wasser und läßt sie an der Luft trocknen.

Man kann auch in verschiedenen Typen von Konservengläsern mit Gummiring (Patentgläsern) einsäuern, aber auch gewöhnliche Schraubgläser lassen sich verwenden. Die Gläser sollen nicht bis zur Kante gefüllt werden, vielmehr muß eine Luftschicht von 3 bis 4 cm bleiben. Ein Gewicht wird nicht benötigt, doch muß man die Gemüse so pressen, daß die Flüssigkeit aufsteigt. Ist nicht genügend Flüssigkeit vorhanden, kann man abgekochtes, kaltes Wasser zugeben.

Durch das Einsäuern in Gläsern ist es möglich, auch kleine Ernten zu konservieren, außerdem können auch kleinere Haushalte in den Genuß von eigenem Eingemachten kommen.

Fast alle Gemüsearten können eingesäuert werden, z. B. Kohl, Mohrrüben, Rote Bete, Brechbohnen (aufgekocht), Gurken, Zwiebeln, Wasserrüben, Steckrüben, Rettiche, Sellerie, Tomaten, Pastinake, aber auch Pilze – am besten die härteren

Arten. Als Gewürz kann man gelben Senfsamen, Kümmel, Wacholder, Dill (Samen oder Blätter), Lorbeerblätter, Knoblauch, Meerrettich, Himbeerblätter und die Blätter von schwarzen Johannisbeeren verwenden.
Sonstige Zutaten, die gut, aber nicht notwendig sind: einige Eßlöffel Sauerkrautbrühe, die Säuerung kommt dann schneller in Gang, oder etwas Molke von der Quarkherstellung, als Nahrung für die Milchsäurebakterien.
Während der ersten drei Tage wird das Gefäß in Zimmertemperatur, 20 bis 22°, aufbewahrt. Dann soll es kühler stehen (16°). Nach ca. 14 Tagen wird es kalt verwahrt (zwischen 0 und 10°).
Man läßt das Eingelegte einige Wochen stehen, bevor man beginnt, es zu verwerten. Gurken werden ziemlich schnell fertig, während Kohl am besten wird, wenn man ca. 6 Wochen wartet.

Sauerkraut
Weißkohl (biologisch angebaut)
10–15 g Meersalz pro kg Kohl
Kümmel
Wacholder
in Scheiben geschnittene Zwiebeln
in Scheiben geschnittene Äpfel
Blätter von schwarzen Johannisbeeren oder Himbeerblätter
Knoblauchzehen

Den Weißkohl wiegen und schneiden oder in feine Streifen hobeln. Den Stamm grob reiben und daruntermischen. Das Meersalz und die Gewürze zufügen. Den Kohl fest in ein Glas oder einen Krug packen, abwechselnd mit Zwiebeln oder einigen Apfelscheiben. Zwischen die Lagen einige Blätter der schwarzen Johannisbeere oder von Himbeeren und 1 bis 2 Knoblauchzehen legen. Jedesmal, wenn 10 cm dick aufgeschichtet ist, den Kohl fest drücken, bis alles saftig ist.
Den Krug etwa zu ⅘ füllen. Die oberste Lage mit einem ganzen Kohlblatt abdecken. Die Masse zusammendrücken und, falls nötig, mit abgekochtem, kaltem Wasser auffüllen (der Saft muß einige Zentimeter über dem Kohl stehen), dann den Krug verschließen. Im Konservenglas wird kein Gewicht benötigt, doch muß die Flüssigkeit immer über dem Kohl stehen.
Den Krug 2 bis 3 Tage bei Zimmertemperatur stehen lassen, dann 2 Wochen an einen kühleren Ort stellen (16 bis 18°). Danach muß der Krug kalt aufbewahrt werden (nicht über 10°). Den Kohl wenigstens weitere 4 Wochen zum »Reifen« stehen lassen.

Gesäuerte Möhren
(im 2-l-Einmachglas)

ca. 1 kg grob geriebene Möhren
ca. ½ kg grob geriebene Steckrüben
2 in Scheiben geschnittene Zwiebeln
(evtl. 1 in Scheiben geschnittener Apfel)
4–5 ganze Knoblauchzehen
2 EL goldener Senfsamen
einige frische Dillspitzen oder 2 EL Dillsamen
1–2 Lorbeerblätter
10–15 g Meersalz pro kg Gemüse
(1–2 EL Sauerkrautbrühe)

Alles gut miteinander vermischen und in ein sorgfältig gereinigtes Einmachglas (2 l, mit Gummiring und Bügel) füllen. Fest pressen, damit die Luft herausgedrückt wird. Falls notwendig, etwas abgekochtes, kaltes Wasser auffüllen. Einige Zentimeter Luft in dem Glas lassen. Verschließen und 2 bis 3 Tage bei Zimmertemperatur (ca. 20°) stehen lassen, dann 10 Tage bei 16 bis 18°. Das Glas kalt, unter 10°, aufbewahren.
Verwendung bei Salaten, Rohkost usw.

Milchsaure Gurken mit Bohnen und Blumenkohl

Gurken (mittelgroße, feste)
grüne Bohnen (Schnitt- oder Brechbohnen)
Blumenkohl
Zwiebeln
einige Knoblauchzehen
Dill
Senfsamen
Koriander
Estragon
Johannisbeerblätter
Himbeerblätter
evtl. einige Pimentkörner
Salzlake: 25 g Meersalz auf 1 l Wasser

Die Gurken waschen und bürsten. Die geschnittenen Gurken in leicht gesalzenem Wasser kurz aufkochen und abkühlen lassen. Den Blumenkohl in Röschen teilen. Die Gemüse abwechselnd zusammen mit den Gewürzen in den Krug oder das Glas schichten, aber nicht drücken. Kaltes, abgekochtes Salzwasser auffüllen, so daß es über dem Gemüse steht. Deckel und Gewicht wie üblich auflegen (in Glasgefäßen wird kein Gewicht benötigt). Etwa 2 Wochen bei 18 bis 20° stehen lassen. Kühl, unter 10°, aufbewahren. Nach drei Wochen kann das Eingelegte gegessen werden.
Auch Gurken alleine lassen sich milchsäuern, die Bohnen und der Blumenkohl füllen aber die Hohlräume aus.

Anhang

Fasten

Fasten hat sowohl die Eigenschaft, Krankheiten zu heilen, wie Krankheiten vorzubeugen. Kinder und Tiere, die sich einen gesunden Instinkt bewahrt haben, essen gewöhnlich nichts, wenn sie krank sind. Eine Fastenkur ist ein Reinigungsprozeß, der, richtig durchgeführt, die ureigenste Form der Natur ist, den Körper zu erneuern, ihn widerstandsfähiger und gesünder zu machen. Die Zellbildung wird angeregt, und das Wohlbefinden wächst. Darüber hinaus ist eine Fastenkur eine Willensübung, die das Selbstvertrauen stärkt – es ist eine gute Methode, sich selbst psychisch wie physisch kennenzulernen.

Wer kann fasten?

Zur Vorbeugung und Reinigung sollte jeder gesunde Mensch ein- oder zweimal im Jahr fasten. Mitunter kann der Körper selbst signalisieren, wann es Zeit für eine Fastenkur ist, z. B. wenn man sich nicht in Form und energielos fühlt. Kranke sollten jedoch nur unter fachkundiger Leitung fasten. Bei sogenannten verzehrenden Krankheiten, wie TBC, Tumorkrankheiten oder bei starker Abmagerung, ist gewöhnlich vom Fasten abzuraten. Auch heranwachsende Kinder und Schwangere sollten nicht fasten. Fastet man das erste Mal, dürfte es am besten sein, in einer Gruppe zu fasten und vorher eine allgemeine Gesundheitskontrolle vornehmen zu lassen. Viele Anfänger haben es schwer, im heimischen Milieu zu fasten, es fällt ihnen daher in einem Sanatorium unter erfahrener Leitung leichter.

Fasten sollte nicht als eine Hunger- oder Entfettungskur angesehen werden. Die Kilo, die man verliert, kommen nach dem Fasten ziemlich rasch wieder, wenn man nicht gleichzeitig seine Essensgewohnheiten ändert. Durch das Fasten erhält der Körper aber eine Möglichkeit, alte Ablagerungen in den Geweben loszuwerden. Wer fastet, befreit sich von Schlacken und Giften, die sich im Laufe von mehreren

Jahren im Organismus angesammelt haben können. Die sichtbaren Ablagerungen zeigen sich in Form von Wülsten und »Rettungsringen« um die Mitte, während die unsichtbaren als Fett- und Proteinablagerungen in den Kapillaren, Adern, Venen, Bindegeweben usw. sitzen.

Wie fastet man?

Fehlt einem die Erfahrung, so ist es zu empfehlen, zuerst ein geeignetes Buch über das Fasten zu lesen. Fasten bedeutet nicht, daß man ganz und gar auf Nahrung verzichtet, sondern daß man dem Körper nur das zuführt, was er zur Aufrechterhaltung des Lebens braucht, d.h. auf Sparflamme leben, damit der Körper eine Möglichkeit erhält, sich zu erneuern und zu erholen.

Die übliche Form des Fastens ist das Tee- und Saftfasten. Man trinkt dann nur verdünnte Rohsäfte von Früchten oder Gemüsen, Gemüseabkochungen und Kräutertees, vielleicht etwas milchsauren Saft. Die Getränke sollten Körpertemperatur haben. Es ist zweckmäßig, 1 bis 2 Tage vor einer Fastenkur die Essensaufnahme »stufenweise« abzubauen. Das Fasten soll mit einer richtigen Säuberung beginnen. Ein treibender Kräutertee, Glaubersalz

(1 bis 2 Eßlöffel in einem Glas Wasser) oder einige Eßlöffel Rizinusöl bringen den Darm in Schwung. Bei Magen- und Darmkatarrhen sind 3 bis 4 Eßlöffel Leinsamen in ½ l Wasser empfehlenswert. Fastet man nur aus Gründen der Vorbeugung, sollte eine ausreichend lange Fastenkur 10 bis 14 Tage dauern. Da die Leber erst zwischen dem siebten und elften Tag gereinigt wird, sollte eine Kur nicht kürzer als eine Woche sein. Während des Fastens sollte man es nicht versäumen, eine Darmspülung zu machen, gerne mit einer Kräuterabkochung (z. B. Kamille) oder etwas Meersalz (1%ige Lösung), um den Körper rasch von all den Ablagerungsprodukten zu befreien, die während einer Fastenkur freigesetzt werden. Diese Stoffe können sonst zum Anlaß reiner Selbstvergiftung werden und, solange sie im Körper zirkulieren, vielfältige Beschwerden verursachen. Tatsächlich lebt man von »alten Resten«, wenn man fastet, und das setzt im Körper Reaktionen verschiedener Art in Gang. Alle möglichen Krisen können während des Fastens entstehen, von Schwindel und Kopfschmerzen, von Unwohlsein bis zur tiefsten Depression. Aber das sind Zeichen der großen Säuberung im Organismus, deshalb sollte man sie aushalten.

Ist der Körper so schwach, daß er ein Großreinemachen nicht verträgt, reichen ein paar Tage Fastenkur, die erst dann wieder aufgenommen wird, wenn man wieder stärker geworden ist. Entsteht Fieber, ist das ein Zeichen dafür, daß ein Infektionsherd im Körper ausgeräumt wird. Man soll das Fieber nicht unterdrücken, sondern das Fasten fortsetzen, bis das Fieber verschwunden ist, und reichlich Flüssigkeit zuführen. Gerne kann man Tamari in die Kräutertees oder Abkochungen geben.

Beispiel eines Fastenschemas

ca. ½ l Getränke 6mal täglich
7.00 Kräutertee
9.30 verdünnter roher Saft
12.00 Leinsamenabkochung, milchsaurer Saft
14.30 Gemüseabkochung
17.00 Gemüsesaft
19.30 Kräutertee

Einige Ratschläge

Während des Fastens nie unverdünnte Getränke zu sich nehmen, sie vielmehr mit gleichen Teilen Wasser verdünnen. Alle Getränke sollten Körpertemperatur haben und niemals eiskalt sein. Langsam, schluckweise trinken oder mit dem Löffel zu sich nehmen. Jeden Tag 2½ bis 3 l Fastengetränk trinken und zwischen Fruchtsäften, Gemüsesäften, Gemüseabkochungen, Leinsamenabkochungen – ohne Salz und Zucker – abwechseln. Für Raucher kann ein besonderer Mineralzuschuß, Typ Basica, gut sein. Auch Ruhen, mäßige Bewegung und frische Luft sind während des Fastens wichtig. Am besten ist es, wenn während des Fastens nicht gearbeitet werden muß, da das Bedürfnis des Körpers nach Ruhe zunimmt.

Einem bekannten Naturforscher zufolge geht das Fasten am leichtesten, und der reinigende Effekt wird am größten, wenn die Fastenkur um den Vollmond herum und bei abnehmendem Mond erfolgt. Bei zunehmendem Mond sollte dann wieder der **Aufbau** stattfinden.

Die Säuberung erfolgt auch über die Haut, deshalb ist ihre Pflege besonders wichtig – mit täglicher Trockenmassage und nachfolgendem Duschen.

Das Fasten vorsichtig beenden

Unabhängig davon, wie lange das Fasten gedauert hat, sollte die Beendigung langsam und sanft, mit 2 bis 3 Übergangstagen, geschehen, bevor man wieder wie gewöhnlich zu essen beginnt. Man kann das Fasten z. B. mit einem Apfel beenden, der sehr sorgfältig gekaut wird, mit etwas saurer Milch zum Lunch, zur Hauptmahlzeit eine passierte oder im Mixer pürierte Gemüsesuppe. Am ersten Tag kein Brot essen, morgens und abends Kräutertee trinken, wie üblich. Die Kost stufenweise erweitern, mit kleinen Mengen geriebener Mohrrüben und leichten Gemüsen (kein Kohl o. ä.), milchsauren Gemüsen, etwas Quark usw. Für die Darmfunktion morgens einige Eßlöffel Leinsamen und ein paar eingeweichte Pflaumen nehmen.

Wir brauchen nicht nur eine ernährungsphysiologisch richtige Kost, wir brauchen auch eine *Ausgewogenheit* zwischen Essen und Fasten, genauso, wie wir Ausgewogenheit zwischen Wachen und Schlafen oder Anspannung und Abspannung für die Erneuerung und Erholung des Körpers brauchen. Das Gefühl nach einer Fastenkur kann nicht beschrieben werden, es muß erlebt werden. Wie neugeboren, meinen die meisten.

Getreidefasten nach Oshawa

Diese Fastenkur bedeutet, daß man für eine kürzere Zeit (10 bis 14 Tage) nur Vollkorngetreide aufnimmt, um den Körper zu zwingen, überflüssige Fett- und Eiweißreserven zu verbrauchen. Die meisten Krankheiten der zivilisierten Welt entstehen auf Grund von Wohlleben und Überfluß, mit einem Überschuß an Hauptnahrungsstoffen, aber einem Mangel an Mineral- und Spurenstoffen. So entsteht im Körper ein Ungleichgewicht, und je nach Veranlagung können die verschiedensten Gebrechen auftreten. Da jedes Getreidekorn eine harmonische Dosierung der Hauptnahrungsstoffe, Mineral- und Spurenstoffe enthält, hilft diese Kur dem Körper, in einen Gleichgewichtszustand zu kommen.

Bei Übergewicht oder sauren Ablagerungen im Körper wird empfohlen, mit einigen Tagen völligen Fastens zu beginnen, d.h. man trinkt nur Kräutertees. Bei Hartleibigkeit und schwacher Leberfunktion: Wermut oder Löwenzahnwurzel; bei Magengeschwüren: Salbei mit Schlehenblüten; bei Schnupfen und Nebenhöhlenentzündungen: Tee aus Wegerich- oder Spitzwegerichblättern. Zur Unterstützung einer allgemeinen Blutreinigung: eine Mischung aus Birkenblättern, Löwenzahnblättern, Johanniskraut. Bei Rheuma: eine Mischung aus Birkenblättern, Ackerschachtelhalm, Brennesseln, Thymian.

Alle Mahlzeiten bestehen nur aus gekochtem, unbehandeltem Getreide. Man kann zwischen Reis, Weizen, Roggen, Gerste, Hirse oder Buchweizen wählen, sollte aber die Getreidesorten nicht mischen. Man ißt soviel, wie man mit gutem Appetit mag. Am wichtigsten ist das Kauen, jeder Bissen muß wenigstens 50mal gekaut werden. Zu den Mahlzeiten selbst nichts trinken, bis eine Stunde nach dem Essen warten. Morgens und abends wird Kräutertee getrunken. Bei Hartleibigkeit und Leberbeschwerden kocht man mit dem Getreide 1 Teelöffel zerquetschte Löwenzahnwurzeln. Man kann einen Einlauf mit einer Kamilleabkochung oder einer 1%igen Meersalzlösung machen. Eine Tasse Abkochung von Löwenzahnwurzeln, Dillsamen und Basilikum vor dem Essen kann bei »verdorbenem« Magen hilfreich sein.

Getreidefasten ist eine sehr stark wirkende Regenerationskur für den ganzen Organismus. Jede Krankheit, die man mit sich herumgetragen hat und die vielleicht chronisch wird, kommt in ein akutes Stadium und kann stärkeres Unbehagen verursachen. Das aber ist ein Zeichen dafür, daß der Körper aufs neue den Kampf mit der Krankheit aufgenommen hat. Bei Fieber bricht man das Getreidefasten ab und geht statt dessen zu Tee- und Saftfasten über. Bei Fieber und Entzündungen kann es gefährlich sein, dem Körper nicht genügend Flüssigkeit zuzuführen. Um den Salzverlust auszugleichen, setzt man den Getränken etwas Tamari zu.

Nach dem Fasten wird die Kost stufenweise mit milchsaurem Gemüse, etwas Rohkost und nach einigen Tagen mit kleinen, gut weichgekochten Azukibohnen oder Kichererbsen gesteigert.

Yin und Yang

Die 12 Grundlagen der Makrobiotik

1. Yin und Yang sind die beiden Pole des Universums
2. Yin und Yang bringen sich gegenseitig in einem ewigen Wechselspiel unendlich und kontinuierlich hervor.
3. Yin ist zentrifugal; Yang ist zentripetal. Yin bringt Expansion hervor, Leichtigkeit, Kühle usw. Yang bringt Zusammenziehung hervor, Schwere, Wärme usw.
4. Yin wird zu Yang gezogen; Yang wird zu Yin gezogen.
5. Alle Dinge und Phänomene sind in verschiedenen Proportionen aus Yin und Yang zusammengesetzt.
6. Alle Dinge und Phänomene ändern fortwährend ihre Zusammensetzung von Yin und Yang. Nichts befindet sich in Ruhe.
7. Es gibt nichts, was ganz Yin oder ganz Yang ist. Alles ist relativ.
8. Es gibt nichts, was neutral ist. Immer besteht ein Übergewicht, entweder von Yin oder von Yang.
9. Die Anziehungskraft zwischen verschiedenen Dingen ist proportional zu dem Unterschied zwischen Yin und Yang in ihnen.
10. Yin treibt Yin aus; Yang treibt Yang aus. Das Abstoßende und das Anziehende zwischen zwei Dingen, Yin oder Yang, ist umgekehrt proportional zum Unterschied zwischen ihren Yin- und Yangkräften.
11. Yin produziert Yang; Yang produziert in seinem Extrem Yin.
12. Alles ist Yang in seinem Zentrum und Yin in seiner Peripherie.

Die Yin-Yang-Ordnung der Lebensmittel

Die folgende Liste umfaßt verschiedene Gruppen der häufigsten Lebensmittel und gibt die Verteilung der Yin-Yang-Tendenzen *innerhalb jeder Gruppe für sich* an. Von dem Getreide abgesehen, ist im Verhältnis zum Menschen das ganze Pflanzenreich Yin und das ganze Tierreich Yang.

Für Yin wird das Zeichen ▼ verwendet, für Yang das Zeichen ▲. Je mehr solcher Zeichen, desto stärker treten die angegebenen Tendenzen hervor. Es wird vorausgesetzt, daß alle Lebensmittel aus biologischem Anbau stammen, bei dem der Bedarf an Spuren- und Mikrospurenstoffen befriedigt und der geschlossene Schwingungskreis Yin-Yang ständig aufrechterhalten wird.

Getreide

Ausgewogen ▲–▼ mit äußerst geringen Nuancen:

Buchweizen, unbehandelter Reis, Weizen, Gerste, Roggen, Hirse, Hafer, Mais.

Gemüse

Für Gemüse gilt allgemein, daß diejenigen, die weniger Kraut und ein größeres Wurzelsystem haben, mehr Yang sind. Feinlappige Blätter sind mehr Yang als glatte.

Bei Geistesarbeit wird Fleisch am besten durch Sesam-, Kürbis- und Sonnenblumenkerne ersetzt. Je schwerer die Arbeit ist, desto mehr Kohlehydrate werden gebraucht. Wegen der stärkeren inneren Verbrennung wird die Nahrung besser ausgenützt, wenn man sich in frischer Luft bewegt.

Eiweißreicher Samen ist konzentrierte Nahrung und sollte nicht unnötigerweise gegessen werden, weil dann die gute Qualität durch die zu hohe Quantität zerstört wird. Diese Regel ist sehr wichtig, besonders im Hinblick auf eiweiß- und fettreiche Nährstoffe, gilt aber auch für die kohlehydratreichen.

Tierische Produkte

Wenn man Eier ißt, sollte man nicht nur darauf achten, daß sie frisch sind, sondern auch lebend, d.h. befruchtet, und daß sie nicht aus sog. Batteriehaltungen kommen.

	Gemüse
▲▲▲	Wurzeln von Disteln, Kletten, Löwenzahn, Meerrettich
▲▲	Möhren, Schwarzwurzeln
	Pastinak
	Petersilienwurzel
	Löwenzahnblätter
	Rettich
	Radieschen
	Endivien (Zichorie)
	Steckrüben, Wasserrüben
	Winterendivien (Eskariol) mit feinlappigen Blättern
	Knoblauch
	Gelbe Zwiebeln
	Lauch
	Tiefwurzelnder Kopfsalat
	Wurzelsellerie
▼	Fenchel
	Rote Zwiebeln
	Erdartischocken (Topinambur)
	Kohl (alle Arten)
	Selleriekraut
	Wachsbohnen und grüne Erbsen
	Spinat, Wiesenampfer
	Rote Bete
▼▼	Grüne Bohnen, Buscherbsen
	Artischocken
▼▼▼	Spargel
	Gurken, Tomaten
▼▼▼▼	Kartoffeln
▼▼▼▼▼	Auberginen

	Früchte
▲▲	Kastanien (viel mehr Yin als Wurzel- und Blattgemüse)
	Äpfel
	Walderdbeeren, Heidelbeeren
▲	Gartenerdbeeren
	Preiselbeeren (ungezuckert)
	Brombeeren
	Aprikosen
▼	Stachelbeeren
	Johannisbeeren
	Waldhimbeeren
▼▼	Kirschen
	Grapefruits
	Melonen
	Zitronen
	Pfirsiche
▼▼▼	Datteln
	Weintrauben
	Birnen
	Bananen
	Apfelsinen
▼▼▼▼	Ananas

	Süßmittel
▼▼▼▼▼	Zucker
▼▼▼	Honig
	Ahornsirup
	Zuckerrübensirup
	Malzextrakt

Pflanzliche Öllieferanten

▲ Sesamöl
Reis-, Weizen-, Maisöl
Leinsamenöl
Distelöl
Sonnenblumenöl
Sojaöl

▼▼ Olivenöl
Öl von allen Nußarten
▼▼▼ Kokosnußöl
▼▼▼▼ Kokosfett (gehärtet)
Margarine (gehärtet)

Getränke

▲▲▲ Ginseng-Tee
Thé Mü
Wermuttee
▲▲ Salbei
Bardankaffee (Kletten)
Löwenzahnkaffee
Yamoh (Getreide)
Drei-Jahres-Tee
▲ Thymiantee
Tee von niedrig wachsenden Wildkräutern

▼ Quellwasser
Mineralwasser (ohne Kohlensäure)
Fruchtmost
▼▼ Fermentierter und gefärbter Chinatee
▼▼▼ Champagner
Fruchtsäfte
Alle gezuckerten Getränke
Echter Kaffee

Pflanzliche Eiweißlieferanten

▲▲ Azukibohnen, rote
Tamari-Sojasoße
▲ Miso, Sojapaste
Kichererbsen
Gomasio, Sesamsamen

▼ Tahin-Sesampaste
Keimlinge
Sonnenblumenkerne
Kürbis
▼▼ Linsen
Sojabohnen
gelbe Erbsen
Braune, weiße Bohnen
Mandeln und Nüsse
▼▼▼ Paranüsse, Kokosnüsse

Fleisch

▲▲▲ Fasan und Wild
Eier (befruchtet)
▲▲ Rindfleisch, Schaf
▲ Geflügel
Kalbfleisch
▼▼▼ Schweinefleisch

Fisch

▲▲▲ Ostseehering, Hering
▲▲ Sardinen (nicht in Öl)
Garnelen
Lachs
Makrelen, Hecht

▼ Krebse, Hummer
▼▼▼ Aal

	Milchprodukte
▲ ▲ ▲	Ziegenmolkenkäse
▲	Roquefort, Schweizerkäse, Camembert, Salz Svecia Molkenkäse Molkenstreichkäse (ohne Zucker)
▼	Quark (Keso) Frische Milch Saure Milch
▼ ▼	Molke
▼ ▼ ▼	Süße Sahne Saure Sahne Joghurt, Kefir Butter

Lexikon

Agar-Agar. Mineralreiche, weiße Meeresalge in Pulverform, die anstelle von tierischer Gelatine bei Pasteten und Nachtischen verwendet werden kann.

Algen. Wakame, Kombu, Nori, Iziki u. a. sind jod- und mineralhaltige Meeresgemüse. Ein Stück Kombualge hilft Hülsenfrüchte schneller weichzukochen (wegen der zunehmenden Verschmutzung der Weltmeere ist es jedoch ungewiß, wie lange wir diese Gesundheitskost weiterhin noch essen können).

Ballaststoffe. Unverdauliche Bestandteile in den pflanzlichen Lebensmitteln. Sie begünstigen die Ausbildung einer gesunden Darmflora und wirken Verstopfungen entgegen.

Bardankaffee. Hergestellt aus gerösteten Klettenwurzeln.

Buchweizenmehl. Mehl einer einjährigen Kulturpflanze aus Asien (Polygonum fagopyrum). Gut als Bindemittel anstatt Eiern in Legierungen und in Füllungen.

Darren. Schonende Wärmebehandlung von Getreide. Es wird leichter verdaulich, weil es die Umwandlung von Stärke in Zucker einleitet. Auch verkürzt es die Kochzeit. Darren bedeutet eher ein Trocknen als ein Rösten. Das ganze Getreide wird gewaschen und muß gut abtropfen. Es wird in dünner Lage auf einem Backblech ausgebreitet und bei 80° ungefähr 1 Stunde gebacken, bzw. so lange, bis sich die Körner spröde und trocken anfühlen. Sie sollen nicht braun werden. Zwischendurch sollte man das Getreide umrühren. Die Backofentür läßt man etwas angelehnt, damit der Dampf abziehen kann. Eine geringere Menge von Getreide sowie Vollkornmehl können unter Umrühren in einer Bratpfanne auf dem Herd gedarrt werden (ohne Fett).

Dendelio. Kaffee aus gerösteten Löwenzahnwurzeln.

Dentie. Kohlepulver, aus Auberginen hergestellt, gegen Gärungsprozesse im Darm und Entzündungen im Mund und Rachenraum.

Drei-Jahres-Tee. Ungefärbter und nicht fermentierter Chinatee, der kein Thein enthält. Der ganze dreijährige Teebusch wird geerntet und ohne weitere Behandlung getrocknet. (Das Thein in dem gewöhnlichen Tee entsteht durch das Fermentieren, außerdem werden solche Tees in der Regel gefärbt, im Geschmack korrigiert usw.)

Gemüsebrühe (Paste). Bouillonpaste aus Gemüse- und Hefeextrakt, ausgezeichnet zum Abschmecken von Suppen und Soßen.

Gomasio. Sesamsamensalz. Es besteht aus leicht gerösteten Sesamsamen mit etwas Meersalz, die gemahlen und zu einem Tischgewürz gemischt werden.

Grahammehl. Das gleiche wie Vollkornweizenmehl. Das Mehl enthält

alle Bestandteile des Getreidekornes (Keim, Kleie und Mehlkörper).
Hülsenfrüchte. Sammelname für Erbsen- und Bohnenfrüchte aus der Familie der Leguminosae (z. B. Sojabohnen, Azukibohnen, Kichererbsen, Linsen, Erbsen und Bohnen). Sie haben einen hohen Nährwert.
Kofu. Auch Seitan genannt. Es wird aus Weizengluten hergestellt und ist sehr reich an Kalk und Protein. Konsistenz und Geschmack gleichen texturiertem Sojaprotein. Man kann Kofu selbst herstellen, indem man die Stärke aus dem Grahammehl »herauswäscht«. Es wird ähnlich wie Sojamark verwendet.
Kokkoh. Zerealmilch aus vier Getreidearten sowie Sesam und Soja – gedarrt und pulverisiert. Sie wird mit 12 bis 15 Teilen Wasser gemischt. Eine leichtverdauliche Nahrung für Säuglinge, Kranke und Ältere. Ist in Reformhäusern erhältlich.
Kouzo. Stärke, ähnlich dem Pfeilwurzpulver, aus einer besonderen, wildwachsenden Gletscherweidenpflanze. Sie dient zum Legieren von klaren Suppen, Soßen und Nachtischen.
Kräutersalz. Aus frisch gemahlenen Würzkräutern und Meersalz hergestellt; im Handel sind verschieden starke Varianten erhältlich.
Malzextrakt. Dunkelbraunes, sirupähnliches Produkt, das aus dem Malz von gekeimter Gerste hergestellt wird. Er ist der »Honig« des Pflanzenreichs, ohne Mitwirkung von Bienen.
Mebosipflaumen. Japanische milchsaure Pflaumen. Es ist nützlich, sie unterwegs gegen Magen- und Darminfektionen bei sich zu haben. Sie können auch, zerquetscht mit etwas Wasser, zu Salatsoßen usw. verwendet werden.
Meersalz. Vollwertiges, graues Atlantiksalz mit allen Mineralstoffen und Spurenelementen, die im menschlichen Blut vorkommen. Es wird anstelle des gewöhnlichen weißen Kochsalzes sparsam verwendet. Es ist grob- und feinkörnig im Handel.
Miso. Milchsaure Sojabohnenpaste, die reich an leichtverdaulichem und hochwertigem Protein ist. Sie kann Salz ersetzen und wird zum Abschmecken von Brotaufstrichen usw. verwendet. Um die wertvollen Enzyme zu bewahren, sollte Miso möglichst nicht gekocht werden.
Molkosan. Ein Konzentrat aus Molke, reich an Mineralstoffen und Milchsäure. Es wird anstelle von Essig verwendet, der ein Mineralräuber ist und an den Magenschleimhäuten frißt. (Molke ist ein Nebenprodukt der Käseherstellung.) Es ist in Reformhäusern zu haben.
Nigari. Natürliches Magnesiumchlorid, aus Meerwasser gewonnen. Es wird bei der Herstellung von Tofu (Sojabohnenkäse) verwendet, damit die Sojamilch gerinnt. Gewöhnliches Magnesiumchlorid kann man in der Apotheke kaufen.
Nituké. Ein Nitukégericht besteht aus Zwiebeln und Gemüse, die mit wenig Öl angebräunt und dann im eigenen Saft weichgekocht werden (gedünstet).
Okara. Nebenprodukt der Sojamilchherstellung. Der »Grieß« läßt sich bei vielen verschiedenen Gerichten verwenden, bei Suppen,

zum Brotbacken, zu vegetarischen Farcen usw. Er kann auch im Backofen leicht geröstet und in das Müsli gemischt werden.

Pfeilwurzpulver (arrowroot). Stärke aus der Wurzel der tropischen Pflanze Maranta arundinacea. Sehr gut für feine Legierungen.

Polenta. Maisgrieß (grob gemahlener Mais).

Salzersatz, körniger. Gewürz aus Hefeextrakt mit einem Anteil Meersalz. Es kann bei der Essenszubereitung weitgehend Salz ersetzen. Wird unter verschiedenen Handelsnamen angeboten.

Sauerkraut. Milchsaurer Weißkohl. Es ist ein ideales Entgiftungsmittel für den Darm, regeneriert die Darmflora, begünstigt die Enzymbildung und wirkt Verstopfungen entgegen.

Sesamsamen. Geschält oder ungeschält. Er findet Verwendung bei Sesammilch, Sesamsalz, Backwerk, Nachtischen usw. Sehr kalkreich.

Sojamehl. Entbittertes Mehl von Sojabohnen. Man kann 5 bis 10% Sojamehl in das Brot mischen. (Das Mehl ist glutenfrei.) Nährwertmäßig kann in allen Rezepten 1 Eßlöffel Sojamehl ein Ei ersetzen.

Sonnenblumenkerne. Geschälter Sonnenblumensamen. Er hat einen hohen Gehalt an Vitaminen der B-Gruppe, Eisen und Eiweißstoffen. Sonnenblumenkerne lassen sich fast zu allem verwenden, z. B. auf Rohkost gestreut, in das Müsli gemischt, bei Backwerk, zu Pasteten oder Dressings püriert. Leicht geröstet auch als Bonbons.

Tahin. Sesampaste, hergestellt aus leicht geröstetem Sesamsamen, im Mixer verarbeitet oder gemahlen. Es gibt sie mit und ohne Salzzusatz. Sie wird, mit etwas Wasser angerührt, zu Soßen, Eintöpfen, Salatdressings, Brotaufstrich usw. verwendet. Im Nährwert entspricht 1 Dessertlöffel einem Ei.

Tamari. Ein flüssiges Proteinkonzentrat, das aus milchsaurem Sojaextrakt besteht. Tamari wird im Unterschied zu den meisten im Handel üblichen Sojasoßen ohne Chemikalien hergestellt, da es von Natur aus haltbar ist.

Tekka. Sehr mineralreiches Konzentrat aus Kräutern, Gemüsen und Miso. Es wird teelöffelweise zu gekochten Getreidegerichten verwendet.

Thé Mü. (Mü-Thé). Eine Teemischung aus 15 indischen Heilkräutern und Ginseng. Ein Portionsbeutel reicht für 1½ l Wasser. Er kann zweimal aufgekocht werden.

Tofu. Sojabohnenkäse (S. 161) mit neutralem Geschmack, der bei warmen Gerichten, Suppen, Eintöpfen, Salaten und als Brotaufstrich oder als Nachtisch verwendet wird. Man kann ihn in Dosen kaufen, aber auch leicht selbst herstellen (außerdem wird er dann billiger und besser!). Im Verhältnis zum Proteingehalt ist Tofu sehr kalorienarm.

Unbehandelter Reis. Ungeschälter und nicht polierter Reis. Er benötigt eine längere Kochzeit, ist aber viel nährstoffreicher als weißer Reis.

Yannoh. Ohsawakaffee aus Getreide, Bohnen und Wurzeln.

Zuckerrübensirup (biologischer). Unraffinierter Rohsirup, bei schonender Behandlung aus biologisch angebauten Zuckerrüben hergestellt.

Rezept-Register

Stichwortverzeichnis

Stichwortverzeichnis